高等学校通识课程系列教材

国学经典与人生智慧

车凤 著

中国人民大学出版社
·北京·

代序：时代呼唤人文素养

在人类文明发展史上，人们曾一度把科学与宗教联系起来，近几十年来，又经常把科学与人文联系起来。1959 年 5 月 7 日，英国剑桥大学的科学家、小说家斯诺在剑桥做了一场意义深远的演讲，公开抨击科学文化和人文文化的割裂。事实上，59 年之后，随着科学技术的迅猛发展，自然科学与人文科学如何更好地结合，仍是最值得人们思考和关注的一个命题。

放眼望去，人类的生活越来越依赖于科学成果与技术产品。自然科学的飞速发展深刻改变着人的生活方式，科学的量化本性和可演算特征，使得人类生活越来越建立在各种精确的关系上。所谓“知者不惑”，科学在人类历史上曾极大地解决了人类困惑，赋予人类改造自然和世界的能力。由科学技术确立和展开的世界，是人类在历史中的选择，是认识世界相对真实可靠的方式。越来越多的人由对科学的依赖转变为对科学的信仰。

当然，科学与人文都有自身局限性，二者必须相互融合：科学的精神需要注入人文色彩，科学的发展需要人文护佑。自然科学的研究者，如果有了开阔的眼界、博大的胸怀，无疑会产生不可估量的影响。诺贝尔奖获得者李政道曾说：“我一辈子做事做人的原则，以杜甫‘细推物理须行乐，何用浮名绊此身’两句诗为准则。仔细地推敲世界上的万物道理，做一些自己喜欢做的、快乐的、有益的事。”

迄今为止，自然科学并不能解决人类的一切困惑和困难。以医学为例，现在能够治愈且清楚原理的疾病只有 60%，有 40%的疾病仍未找到原因和理论依据。

事实上，我们对于世界的把握可以有很多不同的层次和维度。举例来说，水在化学里的表达式为 H_2O，在诗人眼里，在文学家眼里，水还可以给人带来“逝者如斯夫”的哲思，还有“江畔何人初见月，江月何年初照人”的永恒追问。不得不说，如果人类能以自然科学的视角和人文美学的视角共同理解世界，人类的物理世界和精神世界就达成了美妙的统一。

面对各种层出不穷的新的科学问题、社会问题的挑战，人们逐渐认识到，要想有效应对挑战，必须对这些问题的人文背景进行批判性思考。人文教育可以帮助学生懂得求学问不只为了找工作，还可以帮助人更好地发挥个人天赋，体会生命的真谛。在人工智能迅猛发展的时代，越来越多的社会产品会把人的感受和体验放在首位，在众多服务行业中，若能借助人类学、心理学等人文学科的知识深入挖掘客户体验，将会最优地满足客户需求。《金钱与情感：经济学可以从人文中学到什么》一书的两位作者分别是美国西北大学人类学和经济学教授。他们提出，很多经济模型的缺陷正是在于经济学家缺乏对人类的理解。经济学容易忽视的三个因素分别是：文化对决策的影响、叙述方式在解释人类行为时的作用以及道德方面的考量。如果把人当作处在真空中的个体，不仅过于简化，而且可能产生负面作用。有趣的是，书中提出的解决方案竟然是文学。他们建议经济学者从伟大的小说中汲取智慧，因为那些作品对人的观察比社会学家还深。

为什么说人文素养对人类越来越重要？随着物质文明不断进步，如今科学技术已经为人类提供了丰富的物质条件，仅仅解决温饱问题已经变得非常容易，人类余下的时间会越来越多，会对自己的精神生活提出更高要求。

如果没有充实的心灵，人们因为科技的发达而节省下大量的空闲时间，很可能是个灾难。以挪威为例，虽然位居世界最富有的国家之列，但自杀率居高不下。这一方面与气候有关，另一方面与人心空茫、缺乏生活目标有很大关系。

葛剑雄教授在谈及“人文”的概念时讲道：“跟人有关的、人类社会、人身本身、人类前提本身的都可以称为人文，包括人的思想、感情、爱好、意愿、信仰。”很多人希望迅速积累财富，但财富的终极目标是什么呢？财富的积累就是幸福度不断增加的过程吗？

事实上，任何一门学科都不可能使我们成为全知全能的人。科学的发展可以使我们的生活越来越丰富多彩，享用到功能越来越令人满意的事物。而人文素养可以让世界展现更多的维度。正如面对一个人，不管你对他多了解，对他拥有多深入细致的认识，他也不完全是你所认识、了解的那个样子。

推动自然科学的根本和永恒动力是什么？或许，正是科学家们对于人类超乎功利的责任和对宇宙法则的信念。科学的真理只能由对超越于一己私利的、对科学怀有热忱和信念的人去揭示。伟大的科学家，如诺贝尔和居里夫人，他们的精神境界早已到达了冯友兰先生所说的“宇宙境界”。

中国哲学对于自然科学和人的心灵的把握从来都是整体系统的。陈来教授曾经在《中国文明的哲学基础》一文中这样概括：在中国的哲学宇宙观、天人合一思想以及阴阳观念中，“科学-人文”的对立和割裂从根基上被化解了。中国古代文明的哲学宇宙观与西方机械论的宇宙观不同，是强调连续、动态、关联、整体的，而不是静止、孤立、实体、主客二分的哲学。宇宙的一切都是相互依存的，每一事物都在与他者的关系中显现自己的存在和价值，故人与自然、人与人应当建立共生和谐的关系。

不管科学怎样发展，我们生活的世界同样会让我们困惑。不管天文学对星球的运行轨道给出多么精确的规定，也不管科学对人本身有多么深入的了解，天上那无目的存在的星空，人们心中那庄严绝对的道德律令，永远令人肃然起敬。因为它揭示着人的存在深度或极致的存在。

人类需要培养人文精神，更需要加强道德修养，要明白科技并不是我们理解世界的唯一方式。因此，人文素养的提升，不仅是每个求知者对自己生命境界提升的需要，更是人类文明进步的客观要求。对于解决某些根本性的问题而言，人文素养往往起到更为关键和决定性的作用。

（本文原载于《实习时报》2018年5月25日）

目　录

第一堂课 国学经典的当下意义

我们为什么要学习儒道经典

调查显示，哈佛大学最受欢迎的三门通识课分别为“经济学入门”“计算机入门”“东方先哲思想”。这一结果多少有些令人意外。经济学与计算机基础课程受学生欢迎，我们似乎可以从其实用性加以理解，然而，为什么“东方先哲思想”这门课也在其中？这是一个非常值得思考的问题。

德国思想家雅斯贝尔斯（Karl Jaspers）曾提出“轴心时代”这一重要概念，他认为“轴心时代”是人类文明精神的重大突破时期。在轴心时代，各个文明都出现了伟大的精神导师——古希腊有苏格拉底、柏拉图、亚里士多德，以色列有犹太教的先知们，古印度有释迦牟尼，中国有孔子、老子……他们提出的思想原则塑造了不同的文化传统，也一直影响着人类的生活。换句话说，这几个地方的人们开始用理智的方法、道德的方式来面对这个世界，同时也产生了宗教。从此，“人类一直靠轴心时期所产生的思考和创造的一切而生存，每一次新的飞跃都会回顾这一时期，并被它重燃火焰……轴心期潜力的苏醒对轴心期潜力的回归，或者说复兴，总是提供了精神的动力”。

中国古人的思想光芒如何照耀现世？传统文化的课程究竟应该教给学生哪些内容？古圣先贤的智慧如何才能为今人所理解和接纳、更好地帮助人们找到生命的目标和皈依？

在中国的传统文化教育体系中，师者的首要职责是“传道”，也就是塑造学生正确的价值观和世界观。作为“四书”之首的《大学》，开宗明义讲到“大学之道，在明明德”，这“大人之学”恰恰是如今的每一所大学应有的首要定位。而谈及优秀文化的传承，北宋张载的“为往圣继绝学”则是知识分子对民族文化使命最好的一个注解。

冯友兰先生曾经把人生的境界分为从低向高的四个等级：自然境界、功利境界、道德境界和天地境界。自然境界的人是顺着人的本能或社会的风俗习惯做事；功利境界的人为自己做各种事，这其中有些是利他的，但是动机是利己的；道德境界的人明白自己是社会整体的一部分，为社会的利益做各种事；而天地境界的人能了解到在社会整体之上还有一个更大的整体即宇宙，有这种觉解，为宇宙的利益做事，就构成了最高的人生境界。

我们不难发现，教育目标尤其强调前三个境界，用冯友兰先生的话讲，正是将一个人从自然境界、功利境界提升到道德境界和天地境界的过程。

中国古人认为，教育的真正意义和价值是给学生一种“道”，是教他们如何做人、如何看世界、如何对待自己和他人。那么，中国古典哲学与文化中，对于优化心灵最有价值的是哪些方面呢？儒家和道家的经典会从不同维度带给人营养和力量。

首先，古典哲学与文化中关于建立人的格局、拓展人的胸怀的论述对今天的年轻人是大有裨益的。用传统文化帮他们优化心灵，首先就在于帮他们建立人生的大格局，突破“小我”。通过通识课学习相应的经典内容，加之课堂上的适时讨论和引导，可以让一个年轻人意识到：生活除了眼前的鸡毛蒜皮，更有远方、有天地。北宋大儒张载，在《西铭》中把天地喻为父母，感慨个体的人虽然渺小，却可以承天地之道于一身。其“民胞物与”的思想，更是延伸到“人民百姓是我同胞的兄弟姊妹，而万物皆与我为同类”的广度。此外，朱熹的“天地万物本吾一体”，陆九渊的“宇宙便是吾心，吾心便是宇宙”，包括道家对于天地大道的探讨，共同指向的都是一种宏阔格局、天地境界的建立。当学生建立起更大的人生坐标，看问题的视角就会更加多元和高远，无疑会增强他们对于日常生活中困难和问题的化解和处理能力。

其次，古典哲学与文化有助于培养年轻人的自强和自立。所谓“大学之道，在明明德”，真正的大学培养的应该是“大人”，他们懂得彰显光明的道德，懂得确立人生的目标和使命。《大学》里最重要的一个概念是“知止”，明确了人生的目标和方向，对一个年轻人而言，就有了努力和奋斗的起点、动力，也就能提供给他克服困难最大的支撑力。正所谓“知止而后有定，定而后能静，静而后能安，安而后能虑，虑而后能得”。这个“止”究竟应该定在哪里？安在何处？“横渠四句”有言，“为天地立心，为生民立命，为往圣继绝学，为天下开太平”。今天的大学生，绝大多数为独生子女，自我意识普遍较强，而要“明明德”，首先就要让他们摆脱自私自我的倾向，树立自强自立的人生目标和方向，树立对他人和社会的使命感。一个人，把目标立在哪里就是把命立在哪里，身心所安皆在立命中。有的人把命立在争名夺利、酒色财气上，有的人立在仁民爱物、宏图伟愿上，选择的不同就是价值的安置不同。当一个年轻人将自己的理想和目标确立在个体以外，他就必然获得了一种不竭的动力和正向的力量。

最后，古典哲学尤其是儒家思想有助于培养年轻人的自律和自省精神，也有助于培养他们的“静”与“敬”之心。儒家讲“慎独”，也就是自律讲“吾日三省吾身”，也就是自省。反观我们的社会现实，自律和自省恰恰是绝大多数人所缺失的，也是造成人际冲突和唯我独尊现象的深层原因之一。自律的精神，是我们这个社会走向文明与和谐的关键所在；自省的精神，则是一个个体乃至于民族整体走向觉悟的最重要条件。毫不夸张地讲，自律和自省这两种意识，甚至可以作为区分人格境界最重要的分水岭之一。另外，谈到君子人格，当下年轻人所匮乏的，还有“静”“敬”二字。在《论语》中，子路问孔子“什么是君子”，孔子说：“修己以敬。”今天的年轻人，在享受发达的信息技术带来的便利的同时，也在繁杂的信息前不知所措。他们自认为无所不知，把一切看透，也正因如此，早早地就不再对人和事有所敬畏。与此同时，社会大环境的动荡、躁动，使得他们在追逐潮流的过程中，不可避免地染上浮躁和不安的习气。通过传统文化经典的熏陶，他们或多或少可以找回一些安静和敬畏之心。

中国传统教育思想强调内在观，即心的内在道德功能、内在自觉性。正所谓“心即理”，人人心中都有价值自觉的能力，“我欲仁，斯仁至矣”。在学习中不断激发学生的“自反”“自省”“慎独”意识，才能真正对学生的内在产生影响和震动，才能避免纸上谈兵的教育。正如曾子所说：“慎终追远，民德归厚矣。”

中国人精神结构的三位一体

中国人所崇尚的，是一种“儒道释三位一体，融通互补”的人生哲学。简言之，儒家主要讲忠信、礼仪、秩序，能使人保持与他人的和谐相处，解决的是人事层面的问题；道家主要讲自由、玄远，能使人形成独立思考和创新的能力，解决的是人们思想层面的问题；佛家主要讲度人、自度，能使人去除杂念、心胸豁达，解决的是人们信仰层面的问题。儒道释同属中华文化传统，三位一体、融通互补，就能帮助人实现“行为自觉约束、思想独立自由、境界度人自度”的和谐人生。

从个体而言，人生是一段让心灵不断充实成长的过程。当人们经历不同年龄段、不同环境中的喜怒哀乐爱恨情愁的影响时，只有将儒道释中的精髓融通互补，才能历练出自己内心真正的独立、纯净、和乐，从而明白为何而活，领略更加自信精彩的人生。当一个人因过多的俗事纠缠而苦恼时，就可以通过道家和佛家的思想使心胸平和敞亮，变得淡泊宁静；当一个人消极颓废时，不妨想想儒家治国平天下的思想，心情就会变得踏实。儒、道、释三家融通互补对很多平凡人的人生也会起到积极的指导、平衡作用。

作为中国传统文化主流的儒家，讲究明知不可为而为之，以入世作为实践儒家理想的唯一手段，从而实现修身、齐家、治国、平天下的终极目标。而道家主张隐世与避世，但这个隐世和避世的目的，却是为了更成功地入世，其根本精神是无为而无不为，是以避世的方法入世。佛家是主张出世的，但是它同时也说“佛法在世间，不离世间觉”，其实质并不是要走出这个世界，而是要摆脱尘世以及自身情欲的困扰，其目的还是要达到人生的永恒。

总之，中国文化形成的是一个儒道释三位一体的精神结构，这个精神结构的最大特点就是自给自足，它和中国传统社会自给自足的经济结构是相适应的。所以，中国人往往得意的时候是个儒家，失意的时候是个道家，到了绝望的时候又寻求佛家。总之，无论如何都能找到一个自己安身立命的基础，这正是中国文化的特点所在。

儒家说什么，道家说什么

由《史记》可知，孔子和老子基本是属于同一时代的先哲，老子所处的年代比孔子稍早，属于春秋时代末期。春秋时代，“弑君三十六，亡国五十二，诸侯奔走不得保其社稷者，不可胜数”（《史记·太史公自序》）。在这样的乱世中，政治统治者的遭遇尚且如此，何况是一般百姓。概括说来，这种处境就是：礼崩乐坏与民不聊生。

首先，礼乐代表彼时中国社会生活的规范，礼乐的瓦解失效，引发了人间的动乱不安，不仅是非善恶混淆难辨，连善恶报应的观念也全部被抛弃。这种危机可以称为“价值虚无主义”，导致人们不再扬善弃恶。其次，长期的民不聊生，引发了社会普遍的悲观情绪，人们绝望地认定生命的本质是虚幻的，一死百了，万事皆空。这种危机可以说是一种“存在虚无主义”，即令人对生命丧失希望。这双重虚无主义的危机，正是当时儒家与道家两大哲学体系共同面对的挑战。

儒家思想也称为儒学，由孔子创立，在历史发展中成为中国传统文化的主流，影响深远。它是中国影响最大的思想流派，对中国、东亚乃至全世界都产生了深远的影响。儒家倡导血亲人伦、现世事功、修身存养、道德理性，其中心思想是孝、悌、忠、信、礼、义、廉、耻，其核心理念是“仁”。儒家学说经历代治国者的推崇，以及孔子后学的发展和传承，对中国文化的发展起到了决定性的作用，在中国文化的深层观念中，无不体现着儒家思想的烙印。

儒家是积极入世的，以孔子为例，他眼见礼崩乐坏的危局，知道社会规范的重建要靠人真诚的自觉，于是大声疾呼：“人而不仁，如礼何？人而不仁，如乐何？”（《论语·八佾》）在此，“仁”即是由真诚所引发的行善力量。不仅如此，他还周游列国推行“仁”的理念主张，撰述《春秋》，希望借此重建社会秩序，借助历史评价对统治阶层做出从善弃恶的引导。

面对同样的社会困境，老子采取的却是不同的策略和主张。他在面对价值坍塌、礼崩乐坏的威胁时，指出人类社会的价值观无可避免地都是相对的，亦即都有虚无化的危险，除非能够找到一切存在的终极基础。换言之，老子的意图是要针对存在本身的虚无主义，设法排除万难找出天地万物的起源与归宿，亦即无形无象亦无以名状的“道”。他认为：“故失道而后德，失德而后仁，失仁而后义，失义而后礼。”在此，“道”是原始的完美状态，“德”是万物得之于道者，亦即人类的本性及禀赋。离开了道，所能把握的只有德，亦即朴实而不刻意造作的自然状态。自此以下，仁、义、礼之类都属于人类珍惜的价值规范。

由上可见，儒家与道家在面对同样的双重虚无主义挑战的时候，孔子想做的是：贴近百姓的需求，先解除价值虚无的危机，再探讨生命的依据。他把“仁”作为最高的道德原则、道德标准和道德境界。他首次把整体的道德规范集于一体，形成了以“仁”为核心的伦理思想结构，包括孝、悌、忠、恕、礼、知、勇、恭、宽、信、敏、惠等内容。其中孝、悌是仁的基础，是仁学思想体系的基本支柱。儒家思想的核心，就个体而言，是仁、义、礼、智、信的“五常”；就社会而言，是仁爱、厚生，公平、正义，诚实、守信，革故、鼎新，文明、和谐等，这些是中国人长久以来核心价值观的基石。儒家的“德治”主张以道德去感化和教育人，认为无论人性善恶，都可以用道德去感化和引导。

在孔子之后，“亚圣”孟子对于儒家思想做了进一步的发展和阐释：在人性方面，他明确了性善论，认为人生来就具备仁、义、礼、智四种品德。不过，他同时强调人需要通过内省、存养去保持和扩充“四端”，否则将会丧失这些善的品质。“苟能充之，足以保四海；苟不充之，不足以事父母。”在社会政治方面，孟子提出民本思想，突出仁政、王道的理论。强调发展农业、体恤民众、关注民生，又提出民贵君轻的主张。在价值观方面，他把孔子的仁引申到义，认为在生和义不可兼得的情况下，应当舍生取义。

相比之下，老子致力于思考和体悟作为根源的“道”，希望借此彻底消除存在虚无主义的阴影，使人间秩序自然回归安顿。换言之，老子同样怀着深刻的情感，要为世人指点迷津，只是由于文本的抽象，“道”难以解释，使得后人对于《道德经》会有不同的解读。

老子论“道”，首先是着眼于世界本原的问题。在老子以前，人们对生成万物的根源只推论到天，至于天还有没有根源，并没有波及。老子开始推求天的根源，并提出其源于“道”。他认为，天地万物都由道而生。老子论“道”的另外一个重要思想是“贵柔”。他说：“弱者道之用。”认为柔弱因循是“道”的作用，“无”是道家哲学的本质特征。老子最先提出“无”的范畴。他揭示对立面的互相转化主要是为了说明静可以转化为动，柔可以转化为刚，弱可以转化为强。因此，他主张柔弱胜刚强，并提出了以静制动、以弱胜强、以柔克刚、以少胜多等政治、军事方面的战略方法。

庄子是战国中后期道家思想的代表人物。关于庄子的思想，《史记》说：“其学无所不窥，然其要本归于老子之言。”庄子和老子一样把“道”看作世界的最高原理，认为“道”无所不覆，无所不载，自生自化，永恒存在，是世界的终极根源和主宰。他继承了老子“道”无形无象的思想，认为道是虚无的实体，他说：“道不可闻，闻而非也；道不可见，见而非也；道不可言，言而非也。”因此，他认为不可能给“道”下明确的定义。他认为“道不当名”，即使取名为“道”，也是“所假而行”。在“道”和“物”的关系上，庄子的思想也具有二重性。一方面，他继承老子，认为万物产生于形体，形体产生于精神，个别精神产生于绝对精神——“道”。另一方面，他又发展了老子思想的合理内涵，认为道作为世界的终极根据，不是存在于天地万物之外，而是一切事物发展变化的内在原因。

“齐物论”是庄子哲学的核心思想。它是一种齐彼此、齐是非、齐物我的相对主义理论。他改造了老子关于对立面互相转化的思想，把事物的运动、变化加以绝对化（参阅南怀瑾讲的庄子《齐物论》）。古代道家崇尚自然，有辩证法的因素和无神论的倾向，主张清静无为，反对斗争。司马迁之父司马谈在《论六家要旨》中评价道家的特点为“易行难知，事少而功多”。

链接阅读：儒家思想的发展脉络

“百家争鸣”和儒家思想的形成

孔子和早期儒学：春秋晚期，孔子创立儒家学派。孔子的思想核心是“仁”。他要求人与人之间要互相爱护、融洽相处，要待人宽容，“己所不欲，勿施于人”。他强调统治者要以德治民，反对苛政和任意刑杀。他希望恢复西周的礼乐制度，“克己复礼”，使每个人的行为都符合礼的要求。他首创私人讲学，主张“有教无类”，打破了贵族垄断文化教育的局面。孔子被后人尊称为“万世师表”和“至圣”。

战国时期，孟子和荀子是儒家的两位代表人物：孟子主张“仁政”，提出“民为贵，社稷次之，君为轻”的民本思想，在伦理观上主张“性本善”，强调要实行仁政来恢复和扩充人的善性。荀子主张以德服人，提出“君舟民水”的著名论断，强调人民群众的力量巨大，在伦理观上主张“性本恶”，强调用礼乐来规范人的行为，使人向善。经过孟子、荀子的改造和发展，儒学体系更加完整，儒家思想更能适应社会发展的需要。战国后期，儒学发展成为诸子百家中的蔚然大宗。

“罢黜百家，独尊儒术”

从“无为”到“有为”：汉初，为了恢复生产和安定人心，统治者吸取道家“无为而治”的思想，采取与民休息的政策。经过六十多年的休养生息，汉朝的经济实力逐渐恢复和增强，但是，诸侯国的势力日益膨胀，土地兼并剧烈，匈奴为患，威胁着西汉的稳定。为了加强中央集权，适应国家统一的发展形势，积极有为的政治思想成为时代的需要。

“罢黜百家，独尊儒术”的提出：董仲舒是汉代儒家的代表人物。他把诸子百家中道家、法家和阴阳家的一些思想糅合到儒家思想中加以改造，形成了新的儒学体系。董仲舒适应汉武帝加强中央集权的需要，提出“大一统”和“罢黜百家，独尊儒术”的主张。他认为“大一统”是天地的常理、国家的需要；要维护政治的统一，就必须实行思想上的统一。他提出不在儒家“六经”范围之内的各家学术都应被罢黜。董仲舒提出“天人合一”和“天人感应”学说，还提出了“君为臣纲、父为子纲、夫为妻纲”三种统治秩序和“仁、义、礼、智、信”五种为人处世的道德标准，后人称之为“三纲”“五常”。董仲舒的思想主张有利于巩固君权，维护统治秩序，对于扭转内外松弛的局势十分有利，汉武帝接受了他的建议并付诸实施。

儒学成为正统：汉武帝起用儒学家参与国家大政，儒家学说成为政府选拔人才、任官授爵的标准。从汉武帝时起，儒家经典成为国家规定的教科书。公元前136年，汉武帝正式规定《诗》《书》《礼》《易》《春秋》为“五经”，并设立专门研究和传播“五经”的教员，称为“博士”。公元前124年，汉武帝根据董仲舒的建设，兴办太学，规定太学生员为博士弟子，一律由儒家五经博士负责教授，学完考试合格者即可到政府任官。太学的兴办，打破了以往贵族官僚世代为官的陈规，大大提高了儒学的地位。汉武帝还下令在全国各郡县设立学校，建立了初步的地方教育系统。

此后，儒家思想成为历代统治者推崇的正统思想，逐渐成为两千多年来中国传统文化的主流。

宋明理学

三教合一：汉武帝以后，儒学在统治者的大力提倡下呈现繁盛之势。魏晋南北朝时期，儒学吸收佛教、道教的精神，有了新发展；佛教吸收儒学精神，逐渐趋向中国本土化；道教受到儒学影响，主张“贵儒”又“尊道”。隋朝时期，儒学家提出“三教合归儒”（王通《中说》）的主张，又称“三教合一”，主张以儒学为主，调和并吸收佛教、道教的理论。唐初，统治者奉行三教并行的政策，即尊道、礼佛、崇儒。佛教和道教得到发展，开始挑战儒学的正统地位，韩愈率先提出复兴儒学的主张。

程朱理学：北宋时，儒家学者展开了复兴儒学、抨击佛道的活动，同时又融合佛道思想来解释儒家义理，形成了以理为核心的新儒学体系——“理学”。其中，北宋程颢、程颐兄弟和南宋朱熹成就最为突出，因此，“理学”也称“程朱理学”。“二程”认为：天理是宇宙万物的本原，万物只有一个天理，主张先有理而后有物，这是理学的核心思想。“二程”把天理和伦理道德直接联系起来，认为人伦就是天理。朱熹是理学的集大成者，他强调理之源在于天理，而天理就是作为道德规范的三纲五常，是人性的最高境界，并指出人性本来与天理一致，但被后天的欲望所蒙蔽，所以强调“存天理，灭人欲”。“二程”提出“格物致知”的认识论，认为只有深刻探究万物，才能真正得到其中的“理”。他们主张通过学习达到对普遍天理的认识。朱熹认为，“物”指天理、人伦、圣言、世故，“格物致知”的目的在于明道德之善，而不是求科学之真。程朱理学适应了统治阶级的政治需要，备受推崇，成为南宋以后长期居于统治地位的官方哲学。朱熹编著的《四书章句集注》，成为后来科举考试依据的教科书。朱熹的学术思想还传及日本、朝鲜和欧洲，在日本和朝鲜形成“朱子学”。

陆王心学：南宋时期，理学家陆九渊把“心”作为宇宙万物的本原，提出“心”就是“理”的主张，认为天地万物都在心中。他认为穷理不必向外探求，只需反省内心就可得到天理，故他的学说被称为“心学”。明朝中期以后，封建专制统治陷入危机。王阳明认为，社会动乱的原因是人心破坏，只有通过整治人心，才能挽救统治。王阳明成为心学的集大成者，这一学派也称为“陆王心学”。王阳明更多的是吸取了佛教“心外无佛，即心是佛”的思想，宣扬“心外无物”“心外无理”的命题。在认识论上，他提出“致良知”和“知行合一”学说。他认为良知是人固有的善性，但往往被私欲侵蚀，要努力加强道德修养，去掉无节制的欲望，恢复良知的本性。他的知行合一理论，指出知和行都产生于人心，人应该用良知支配自己的行为实践。明朝中期以后，陆王心学得到广泛传播。

宋明理学历经几百年的发展，对中国社会政治、文化教育以及伦理道德都产生了深远的影响。

明清之际活跃的儒家思想

李贽的离经叛道：明朝后期，中国社会内在矛盾空前尖锐。道学家（儒家中以正统自居的理学家，他们把儒家经典鼓吹成神圣不可侵犯的经典理论）为抬高自己，把孔子奉为“扶天纲、立地纪”的神圣。李贽目睹了官场的污浊和道学家的伪善，形成离经叛道的不羁性格。他自称“异端”，指出孔子不是天生圣人，儒家经典也不是神圣不可侵犯的理论。他反对以孔子为是非标准，认为是非标准应依照时代变化而变化。他批判道学家的虚假说教，认为人可以有正当的私欲，认为穿衣吃饭就是“人伦物理”，人不能脱离基本的物质生活去空谈仁义道德。

黄宗羲对君主专制的抨击：黄宗羲从明亡的历史中看到了封建专制制度的腐朽，尖锐地揭露君主专制是天下之大害。他提出“天下为主君为客”的民本思想，主张以“天下之法”取代皇帝的“一家之法”，从而限制君权，保障人民的基本权利。

顾炎武提倡经世致用：著名思想家顾炎武也生活在明末清初。面对日益加剧的社会危机，他放弃科举，开始探索挽救国家危亡的途径。他重视实践，主张到实践中求真知，力求解决国计民生的现实问题。他经过实地考察写成了巨著《天下郡国利病书》，记述了山川形势、风土民情、民生利弊，有很高的实用价值。他以崇实致用的学风和锲而不舍的学术实践，开一代朴实学风的先河。

王夫之的唯物思想：与黄宗羲、顾炎武同时代的王夫之，继续和发展了前代思想家的唯物思想。王夫之认为世界是物质的，物质是不断变化的。在认识论方面，他认为一切事物通过考察研究都是可以认识的。他还认为静止是相对的，运动是绝对的，具有朴素的辩证法思想。王夫之的唯物思想，启示了近代人们的思维方法，具有划时代的意义。

明末清初，黄宗羲、顾炎武和王夫之对传统儒学的批判继承，对后世产生了巨大影响。

第二堂课 孔子其人，《论语》其书

提　要

1. 百家争鸣中哪些流派的影响最大？儒家思想最后如何脱颖而出成了中国文化的主流思想？

2. 儒家、儒学和儒教是一回事吗？

3. 孔子的十大弟子是谁？

什么是儒

"儒"是我们非常熟悉的一个字眼，我们常夸赞一个人"儒雅"，说某人是"大儒""鸿儒"，那么，究竟什么才叫"儒"呢？

在中国，从商代开始有了专门负责办理丧葬事务的神职人员，这些人就是早期的儒，也就是巫师、术士。他们精通丧葬礼仪习惯，形成了一种相对独立的职业。由于这种职业地位低微，没有固定的财产和收入，所以这个群体的性格普遍显得柔弱，这就是"儒"的本义，即"柔"。《说文解字》对"儒"的解释是："儒，柔也。术士之称。从人，需声。"孔子在《论语·雍也》中告诫学生子夏说：要做就做"君子儒"，千万不要做"小人儒"。由此可见，到了孔子的时代，儒这一阶层已发生了相当大的分化，形成了"君子儒"与"小人儒"两种不同群体。

从儒的内涵来分析，章太炎把儒分为三类，他在《原儒》一文中说，儒有三科，关达、类、私之名。达名为儒。儒者，术士也。类名为儒。儒者，知礼乐射御书数。私名为儒。显而易见，章太炎是以发展变化的眼光来分析儒之起源的。

值得玩味的是，儒家的表象是温文尔雅的，这是君子温润如玉的体现，温良恭俭让是孔子给后人垂范的榜样。金玉光华在外，内心却是宁折不屈，宁玉碎，不瓦全，不会枉尺直寻（孟子语）。

儒家思想产生的时代背景

司马迁在《史记·孔子世家》中说，孔子“乃因史记作《春秋》，上至隐公，下讫哀公十四年，十二公。据鲁，亲周，故殷，运之三代”。孔子的思想，在孔子自己看来大部分不是原创而是继承，所以他说过：“述而不作，信而好古。”

东周时期，中国社会历史经历了划时代的变革，周王室衰微，诸侯坐大，维护封建宗法等级制度的“周礼”遭到极大破坏，诸侯争霸，社会处于动荡之中。这时候代表各阶级利益的知识分子异常活跃，成为一支重要的社会力量，他们纷纷著书立说，提出解决社会现实问题的办法，形成了诸子百家争鸣的繁荣局面。他们各自为新兴的地主阶级设计了一套结束割据、实现统一的治国方案，为秦汉以后的社会治理思想奠定了基础。孔子所处的春秋时代，由于社会内部不可调和的矛盾引起的深重危机，摇撼了传统礼乐文化的权威性，人们对传统礼乐文化的怀疑与批判与日俱增。

在这种大变革、大动荡时期，各诸侯国为富国强兵纷纷招贤纳士。在经济上，随着铁器牛耕技术的推广，生产力提高，社会经济发展。在科技上，天文学、医学等领域取得较大进步。在文化上，私学兴起，形成了许多学者和思想流派。代表各阶级、各阶层、各派政治力量的学者或思想家，都企图按照本阶级（层）或本集团的利益和要求，对自然对社会对万事万物做出解释、提出主张。他们著书立说，广收门徒，高谈阔论，互相质疑，于是出现了思想领域百家争鸣的局面。

春秋战国百家争鸣的出现，正是社会与阶级关系在我国古代思想意识形态上的反映。春秋晚期与战国初期，各诸侯国先后进行了变法改革。统一的封建政权还没有形成，新兴地主阶级在各诸侯国都把主要精力用于政治、经济、军事方面的变法改革，以至于地主阶级的意识形态在相当长的时期内落后于经济基础和上层建筑的其他方面。由于居于统治地位的地主阶级政权还不巩固，他们的思想也还没有成为封建社会的统治思想，这就为诸子百家争鸣局面的出现创造了有利的条件。社会的各阶级、阶层的思想家都能够自由地著书立说和四处奔走宣传自己的思想和主张，并不受统治思想的排挤和束缚。与之相反，后世封建“大一统”的国家形成后，就很难再出现百家争鸣的盛况了。

儒家、儒学、儒教

据《汉书·艺文志》的记载，春秋战国以及秦汉时期各种学术派别一共有 189 家，著作 4 324 篇。《四库全书总目》等书则记载“诸子百家”实有上千家，但流传较广、影响较大、最为著名的不过几十家而已。其中最有影响的是法家、道家、墨家、儒家、阴阳家、名家、杂家、农家、小说家、纵横家。其中，儒家、法家、兵家、纵横家等偏向政治、军事与伦理领域，墨家、道家、名家、医家和农家等偏向自然工艺与逻辑等领域，还禅家、杂家、书画家等则偏向人文艺术等领域。

司马迁的父亲司马谈把先秦以来的学派归纳为六家：阴阳家、儒家、墨家、法家、名家、道家。东汉班固在《汉书》中则把先秦以来的学派归纳为十家：儒家、道家、阴阳家、法家、名家、墨家、纵横家、杂家、农家、小说家。

儒家是诸子百家中的一家，也是最有影响力的一家。儒家学派之前，古代社会贵族和自由民分别通过“师”与“儒”来接受传统的“六德”（智、信、圣、仁、义、忠）、“六行”（孝、友、睦、姻、任、恤）、“六艺”（礼、乐、射、御、书、数）的社会化教育。从施教内容看，中国古代的社会教育完全是基于华夏民族在特定生活环境中长期形成的价值观、习惯、行为规范和处世准则等文化要素进行的，儒家学派全盘吸收这些文化要素并将其上升到系统的理论高度。儒家的学说简称“儒学”，是中国古代自汉代以后大多数朝代的主流流派、正统的官方思想。

儒家强调教育的功能，认为重教化、轻刑罚是国家安定、人民富裕幸福的必由之路，主张“有教无类”，对统治者和被统治者都应该进行教育，使全国上下的人都成为道德高尚的人。在政治上，儒家主张以礼治国。以德服人，呼吁恢复“周礼”，认为“周礼”是实现理想政治的理想大道。儒家代表人物除了孔子外，还有孟子、荀子、董仲舒、程颐、朱熹、陆九渊、王守仁等。

概括而言，儒家的特征有以下几方面：其一，以孔子为先师和思想领袖；其二，以《周易》《尚书》《诗经》《礼记》等为经典文本；其三，在思想上形成了仁与礼的一种张力结构；其四，由内圣而外王，通过内体心性成就外王事功之学；其五，最注重人与人之间的伦理关系，并将之运用到政治实践中，成为指导性原则。

儒家经典主要有儒学十三经。儒家本有“六经”：《诗经》《尚书》《仪礼》《乐经》《周易》《春秋》。据说经秦火一炬，《乐经》从此失传。东汉在此基础上加上《论语》《孝经》，共七经。唐时加上《周礼》《礼记》《春秋公羊传》《春秋穀梁传》《尔雅》，共十二经。宋时加《孟子》，后有宋刻《十三经注疏》传世。

中国学术史上，是以“家”来称呼某一学派的。在某种意义上，称为“家”的，应该是独树一帜、具有一定学术地位的。百家争鸣的“家”，就是指学派。所以，所谓儒家，就是指以孔子学说为代表的学派。而关于“儒教”这种称呼，是对儒学做社会学角度的理解时的观点。

事实上，《中庸》有云：“天命之谓性，率性之谓道，修道之谓教。”儒教之教，即“修道之谓教”之教。这里的“教”乃是教化之义，非宗教之称。在中国，传授儒家学说的教师和学习儒家经典的生徒，虽然敬仰孔圣人，却自觉地认知孔子是人而不是神，绝没有像宗教徒那样视孔子为无所不知、无所不能的上帝。所谓“儒教”，也根本没有什么“入教手续”或“仪式”，上下几千年读儒家著作的人无法统计，儒家学派更无什么组织形式和“神职人员”。所以儒家思想更应该被视为一种学术和文化的内容，而不是一种宗教。

孔子和他的弟子们

孔子（公元前551—前479），名丘，字仲尼，祖籍宋国栗邑（今属河南省商丘市夏邑县），出生于鲁国陬邑（今山东曲阜），中国著名的思想家、教育家。孔子开创了私人讲学的风气，是儒家学派的创始人。孔子带领部分弟子周游列国 14 年，晚年修订“六经”，即《诗》《书》《礼》《乐》《易》《春秋》。他去世后，其弟子及其再传弟子把他及其弟子的言行和思想记录下来，整理成儒家经典《论语》。

孔子在古代被尊奉为“天纵之圣”“天之木铎”，被后世尊为孔圣人、至圣、至圣先师、大成至圣文宣王先师、万世师表。如今，孔子被联合国教科文组织列为“世界十大文化名人”之首，其创立的儒家思想对中国和世界都有深远的影响。孔子建构了完整的“德道”思想体系：孔子主张“仁”“礼”之德性与德行。孔子的仁说，体现了人道精神，礼说则体现了礼制精神，即现代意义上的秩序和制度。人道主义是人类永恒的主题，对于任何社会、任何时代、任何政府都是适用的，而秩序和制度则是建立人类文明社会的基本要求。孔子的这种人道主义和秩序精神是中国古代社会政治思想的精华。孔子的政治思想核心内容是“仁”与“礼”。他还主张“为政以德”，认为用道德和礼教来治理国家是最高尚的治国之道。这种治国方略也叫“德治”或“礼治”。

“天不生仲尼，万古如长夜。”（朱熹《朱子语类》）孔子提倡“有教无类”，创办私学，广招学生，打破了奴隶主贵族对学校教育的垄断，把受教育的范围扩大到平民。他主张“学而优则仕”——学习了还有余力，就去做官，目的是履行知识分子的使命和社会责任。他教育教学的目的是培养君子，所以强调学校教育必须将道德教育放在首位。

孔子作为万世师表，培养了三千多名弟子，其中精通六艺的有“七十二贤人”。在孔子的弟子当中，我们最熟悉的有两位：子路与颜回，但其他八位同样也是孔子眼中的佼佼者。在《论语·先进》中有一段孔子对于自己十大最优秀的弟子进行的总结：“德行：颜渊、闵子骞、冉伯牛、仲弓；言语：宰予、子贡；政事：冉有、季路；文学：子游、子夏。”接下来我们主要了解一下经常在《论语》中出现的几位重要的学生，有了这样一个了解，对于我们更好地理解孔门师生的对话会很有帮助。孔子的教育理念中最重要的一条就是“因材施教”，通过他与学生的对话，我们也可以很清晰地看出他对于不同性格、不同禀赋的弟子进行的不同引导。

仲由（字子路）——忠烈的子路出身贫寒，他只比孔子小九岁，非常好勇争胜，但不欺幼弱。很有意思的是，他始终不像一个儒雅学子，倒像一位侠士，孔子说他“升堂矣，未入室”，是希望他做学问能更加精益求精。由于武功高强，从师孔子后，他成了孔子的贴身保镖，忠心耿耿，从此无人敢欺慢孔子。孔子说：“自吾得由，恶言不闻于耳。”意思是自从有了子路的陪伴，他的耳中不再听得到那些轻慢和侮辱性的语言了。子路不仅性格独特，还有着政治方面的杰出才能，做过季氏宰，任过卫国蒲邑的大夫，最后为了忠于主人，恪守职责，舍生取义。

卜商（字子夏）——子夏比孔子小四十四岁，是孔门“文学”科的佼佼者，才气过人，是孔子的弟子中影响深远的一位。子夏的弟子非常多，比较出名的有李悝、吴起和商鞅。在孔子从卫返鲁（公元前 484 年）之后，子夏才拜孔子为师，在孔门诸弟子中，他的行辈要较颜渊、仲由、端木赐等晚，但他的传世著作却最多，《论语》据传主要是他与仲弓合撰，《易传》也有他参与撰写的部分。

端木赐（字子贡）——子贡是孔门“言语”科最突出的人才，小孔子三十一岁，算是孔门弟子中的一位富豪，他很会做生意，虽然当时社会重文轻商，认为经商不是正道，可子贡文商两不误。某种意义上讲，他是个现实主义者，《史记·仲尼弟子列传》当中记载，“子贡好废举，与时转货赀……家累千金”，就是说他贱买贵卖，依据市场行情的不断变化从中获利，最终成了一个有钱人。除此之外，他还被鲁、卫等国聘为相辅，可谓是文、商、政三结合。子贡还是一个出色的外交家，经常穿梭于各国，出色地完成了各种政治使命，各国君主纷纷采纳他的主张和建议。《史记·仲尼弟子列传》记载：“子贡一使，使势相破，十年之中，五国各有变。”

冉求（字子有）——子有是一位具有较高军事才能的孔门弟子。子有青年时期做过季氏的家臣，齐国军队入侵，他率领军队进行抵抗，并亲自冲到最前线奋勇杀敌，大大激发了士兵的气势，再加上他在出战前就想好了“以步兵执长矛”的作战方式，并采取突然袭击的战术，最终取得了战争的胜利，此时他还念念不忘他的老师，趁机说服季康子迎回了在外流亡 14 年之久的孔子。子有帮助季氏推行了田赋改革，为季氏聚敛了很多的财富，却受到孔子非常严厉的批评。“季氏富于周公，而求也为之聚敛而附益之。子曰：‘非吾徒也。小子鸣鼓而攻之，可也！’”（季氏比周公还富有，而冉求却为他征更多税，孔子于是向弟子们说：冉求不是我的学生，你们即使击鼓声讨他的罪状，也不过分！）子有听到孔子如此批评自己，感到十分愧疚，于是幡然悔悟，干脆辞官，而后随孔子周游诸国。孔子晚年回到鲁国，受到子有很多照顾。

冉雍（字仲弓）——仲弓本是周文王的后代，到他这代时家道衰落，他以放牛为业，人称“犁牛氏”。仲弓曾做过季氏私邑的长官，他主张“以德化民”，但在季氏之处“仕三月，是待以礼貌，而谏不能尽行，言不能尽听，遂辞去……”。如此看来，他的以民为本、以德化民的为政之道，很难为当时的统治者所接受，仲弓开始反思自己的思想和品德，觉得还需要改正和提高，辞官之后，他师从孔子，开始了自己的学习修行之路。孔子对他有“雍也可使南面”（在古代以南为尊为长为贵，意思是：仲弓可以从政做大官治理国家）之美誉，后世也有人将他与孔子相提并论。

冉耕（字伯牛）——伯牛为人正派、率直、坦诚，善于待人接物，在孔子的弟子中以德著称，有很高的威望。“孔子曰‘受业身通者七十有七人’，皆异能之士也。德行：颜渊，闵子骞，冉伯牛，仲弓。”孔子能亲口肯定伯牛的品德，并与颜回并列，体现了对伯牛的器重。伯牛曾为中都宰，可是不久却得了不治之症，孔子亲自前去探望，紧紧握着伯牛的手，望天长叹，悲痛异常。孔子哀叹伯牛之死：“亡之，命矣夫！”

闵损（字子骞）——子骞年幼不幸丧母，受继母虐待，生活过得很清苦，成人之后，父亲又病故，可是守丧三年未满，国家战事不断，应征从军。艰苦的生活和复杂丰富的社会经历，使他深深感到世事艰辛难料，慢慢养成了寡言少语、老成持重的性格。他话语不多，然而只要讲话就说得很中肯受用，孔子说他：“夫人不言，言必有中。”（《论语·先进》）子骞比较完整地接受了孔子的教育，独特的生活经历使他在实践孔子思想学说的基础之上，又形成了自己独特的思想和行为方式。刘向在《说苑》中曾记载，继母给其亲生儿子絮丝绵，而给子骞絮芦花，冻得子骞拉车时常掉绊绳，父亲不了解真情，便常鞭打他，后来父亲知道真相，要赶走继母，子骞却连忙替继母求情，劝父亲道：“母在一子寒，母去三子单。”他的孝行感动了父母，受到了父母、乡邻的称赞。子骞是孔子弟子当中第一个主张不做官而淡泊名利的人，他主张修身养性，不刻意追求物质享受和欲望满足。季氏派人来请他做“费宰”，被他谢绝，真正做到了淡泊名利。

宰予（字子我）——子我能言善辩，才思敏捷，随孔子周游列国期间常受孔子派遣，出使齐国、楚国，游说各国的君主。子我非常尊敬孔子，也非常赞同孔子的绝大多数主张和观点，但是一遇到认为不对或不妥的地方，他会毫不犹豫地提出异议。他认为“三年之丧”的制度是不可取、不合理的，他说：“三年之丧，期已久矣。君子三年不为礼，礼必坏；三年不为乐，乐必崩。”孔子曾批评他“予之不仁也”（《论语·阳货》）。但是后来，孔子觉得对宰予有失公平，反思自己“以言取人，失之宰予”，并且从子我之处改变了自己过去的很多不足。

言偃（字子游）——子游非常特殊，因为在孔子十大弟子中，他是唯一的南方人，孔子的绝大多数学生都来自山东和北方，南方弟子极其稀有。古代的交通和信息交流极为不便，南方的学子要到山东求学孔门几乎是不可能的事情，而子游身为南方人，对孔子的学说在南方的传播起了决定性的作用。子游擅长文学，担任过鲁国武城宰，并用礼乐教育民众，城内到处有欢歌乐曲之声，他的做法得到了孔子的称赞。孔子曾说：“吾门有偃，吾道其南。”（有了子游，我的思想在南方传播无忧矣。）

颜回（字子渊）——汉代以后，颜回就被列为孔子十大弟子之首，他吸取了孔子儒学之精髓，并创立“颜氏之儒”。《论语·雍也》说他“一箪食，一瓢饮，在陋巷人不堪其忧，回也不改其乐”（有一口饭吃，一点水喝，就算是在烂屋小巷子里生活，颜回依旧自得其乐）。这说明他是一个不注重权利和名誉之人，他追求的是一种平淡朴素、精神世界丰富的生活。颜回天性的忠厚和内向掩盖了他的聪颖明思，孔子经过深入观察，明确了颜回并不愚笨。《论语·为政》里说：“吾与回言，终日不违，如愚。退而省其私，亦足以发。回也不愚。”其实颜回天资极聪慧，就连能言善辩、口才一流的子贡也坦诚地说不敢与颜回相比，这并不是出自谦虚，而是发自内心。更难能可贵的是颜回随孔子周游列国之后，重新回到了鲁国，开始了他的讲学之路，也帮助孔子整理古代典籍。整理《易》的过程中，颜回呕心沥血，以至过于劳累而死，孔子十分悲痛。

《论语》其书

《论语》由孔子弟子及再传弟子编写而成，至汉代成书。主要记录孔子及其弟子的言行，较为集中地反映了孔子的思想，是儒家学派的经典著作之一。其以语录体为主，叙事体为辅，集中体现了孔子的政治主张、伦理思想、道德观念及教育原则等。《论语》与《大学》《中庸》《孟子》并称“四书”。全书共20篇、492章，首创“语录体”。

《论语》的篇名通常取开篇前两个字；若开篇前两个字是“子曰”，则跳过取句中的前两个字；若开篇三个字是一个词，则取前三个字。篇名与其中各章没有实际意义上的联系。

学而（主要讲“务本”的道理，引导初学者进入“道德之门”）

为政（主要讲治理国家的道理和方法）
八佾（主要记录孔子谈论礼乐）
里仁（主要讲仁德的道理）
公冶长（主要讲评价古今人物及其得失）
雍也（主要记录孔子和弟子们的言行）
述而（主要记录孔子的容貌和言行）
泰伯（主要记录孔子和曾子的言论及其对古人的评论）
子罕（主要记录孔子的行事风格、提倡和不提倡做的事）
乡党（主要记录孔子言谈举止、衣食住行和生活习惯）
先进（主要记录孔子教育言论和对其弟子的评论）
颜渊（主要记录孔子教育弟子如何实行仁德、如何为政和处世）
子路（主要记录孔子论述为人和为政的道理）
宪问（主要记录孔子和其弟子论修身为人之道，以及对古人的评价）
卫灵公（主要记录孔子及其弟子在周游列国时关于仁德治国方面的言论）
季氏（主要记录孔子论君子修身，以及如何用礼法治国）
阳货（主要记录孔子论述仁德，阐发礼乐治国之道）
微子（主要记录古代圣贤事迹，孔子周游列国时的言行及周游途中世人对乱世的看法）
子张（主要记录孔子和弟子们探讨求学为道的言论、弟子们对于孔子的敬仰和赞颂）
尧曰（主要记录古代圣贤的言论和孔子关于为政的论述）

道德方面

- 子曰："苟志于仁矣，无恶也。"
- 君子无终食之间违仁，造次必于是，颠沛必于是。
- 仁远乎哉？我欲仁，斯仁至矣！
- 知者不惑，仁者不忧，勇者不惧。
- 有德者必有言，有言者不必有德；仁者必有勇，勇者不必有仁。
- 志士仁人，无求生以害仁，有杀身以成仁。
- 当仁不让于师。
- 务民之义，敬鬼神而远之，可谓知矣。
- 君子可欺也，不可罔也。
- 己所不欲，勿施于人。在邦无怨，在家无怨。
- 樊迟问仁。子曰："爱人。"问知。子曰："知人。"樊迟未达。子曰："举直错诸枉，能使枉者直。"
- 居处恭，执事敬，与人忠；虽之夷狄，不可弃也。
- 克、伐、怨、欲不行焉，可以为仁矣？
- 工欲善其事，必先利其器。居是邦也，事其大夫之贤者，友其士之仁者。
- 孔子曰："能行五者于天下，为仁矣。""请问之。"曰："恭，宽，信，敏，惠。恭则不侮，宽则得众，信则人任焉，敏则有功，惠则足以使人。"

个人修养方面

- 君子无所争，必有射乎！
- 内省不疚，夫何忧何惧？
- 子曰："君子成人之美，不成人之恶；小人反是。"
- 君子和而不同，小人同而不和。
- 君子泰而不骄，小人骄而不泰。
- 修己以敬，修己以安人，修己以安百姓。
- 君子义以为质，礼以行之，孙以出之，信以成之。君子哉！
- 君子病无能焉，不病人之不己知也。
- 君子谋道不谋食，君子忧道不忧贫。
- 君子有三畏：畏天命，畏大人，畏圣人之言。
- 君子有九思：视思明，听思聪，色思温，貌思恭，言思忠，事思敬，疑思问，忿思难，见得思义。

礼乐方面

- 兴于诗，立于礼，成于乐。
- 不学《诗》，无以言；不学礼，无以立。
- 子曰："《诗》三百，一言以蔽之，曰'思无邪'。"
- 子曰："恭而无礼则劳；慎而无礼则葸；勇而无礼则乱；直而无礼则绞。君子笃于亲，则民兴于仁；故旧不遗，则民不偷。"
- 孔子谓季氏："八佾舞于庭，是可忍也，孰不可忍也？"
- 子曰："上好礼，则民易使也。"
- 子在齐闻《韶》，三月不知肉味。曰："不图为乐之至于斯也！"

政治方面

- 子曰："道千乘之国，敬事而信，节用而爱人，使民以时。"
- 子曰："为政以德，譬如北辰，居其所而众星共之。"
- 临之以庄则敬，孝慈则忠，举善而教不能，则劝。
- 君使臣以礼，臣事君以忠。
- 自古皆有死，民无信不立。
- 先有司，赦小过，举贤才。
- 名不正，则言不顺；言不顺，则事不成；事不成，则礼乐不兴；礼乐不兴，则刑罚不中；刑罚不中，则民无所错手足。故君子名之必可言也，言之必可行也。君子于其言，无所苟而已矣！
- 子曰："其身正，不令而行；其身不正，虽令不从。"
- 乐然后笑，人不厌其笑；义然后取，人不厌其取。
- 丘也闻有国有家者，不患贫而患不均，不患寡而患不安。盖均无贫，和无寡，安无倾。夫如是，故远人不服，则修文德以来之。既来之，则安之。

- 敏而好学，不耻下问，是以谓之“文”也。

自我追求与哲理感悟方面

- 俎豆之事，则尝闻之矣；军旅之事，未之学也。
- 道之将行也与，命也。道之将废也与，命也。
- 丘也幸，苟有过，人必知之。
- 道不行，乘桴浮于海。
- 君子居之，何陋之有？
- 君子学道则爱人，小人学道则易使也。
- 子曰：“富而可求也，虽执鞭之士，吾亦为之。如不可求，从吾所好。”
- 子曰：“饭疏食，饮水，曲肱而枕之，乐亦在其中矣！不义而富且贵，于我如浮云。”
- 不怨天，不尤人；下学而上达。知我者其天乎！
- 子之所慎：齐、战、疾。
- 子不语怪、力、乱、神。
- 子罕言利，与命，与仁。
- 唯酒无量，不及乱。
- 食不语，寝不言。
- 夫子温、良、恭、俭、让以得之。
- 天下之无道也久矣，天将以夫子为木铎。
- 往者不可谏，来者犹可追。
- 过犹不及。
- 必也临事而惧，好谋而成者也。
- 回也，其心三月不违仁；其余则日月至焉而已矣。
- 贤哉！回也。一箪食，一瓢饮，在陋巷。人不堪其忧，回也不改其乐。贤哉！回也。
- 成事不说，遂事不谏，既往不咎。
- 子曰：“始吾于人也，听其言而信其行；今吾于人也，听其言而观其行。于予与改是。”
- 有子曰：“其为人也孝弟，而好犯上者，鲜矣！不好犯上，而好作乱者，未之有也。君子务本，本立而道生。孝弟也者，其为仁之本与！”
- 礼之用，和为贵。
- 有子曰：“信近于义，言可复也。恭近于礼，远耻辱也。因不失其亲，亦可宗也。”
- 吾日三省吾身：为人谋而不忠乎？与朋友交而不信乎？传不习乎？
- 慎终，追远，民德归厚矣！
- 鸟之将死，其鸣也哀；人之将死，其言也善。
- 以能问于不能，以多问于寡；有若无，实若虚，犯而不校，昔者吾友尝从事于斯矣。

- 可以托六尺之孤，可以寄百里之命，临大节而不可夺也，君子人与？君子人也。
- 士不可以不弘毅，任重而道远。仁以为己任，不亦重乎？死而后已，不亦远乎？
- 君子以文会友，以友辅仁。
- 君子思不出其位。
- 曾子曰："上失其道，民散久矣。如得其情，则哀矜而勿喜。"
- 子夏曰："贤贤易色，事父母，能竭其力，事君，能致其身，与朋友交，言而有信；虽曰未学，吾必谓之学矣。"
- 死生有命，富贵在天。君子敬而无失，与人恭而有礼，四海之内，皆兄弟也。君子何患乎无兄弟也？
- 子夏曰："仕而优则学，学而优则仕。"
- 子游曰："事君数，斯辱矣；朋友数，斯疏矣。"
- 子贡曰："君子之过也，如日月之食焉：过也，人皆见之；更也，人皆仰之。"
- 子张曰："士见危致命，见得思义，祭思敬，丧思哀，其可已矣。"
- 君子尊贤而容众，嘉善而矜不能。
- 三军可夺帅也，匹夫不可夺志也。

链接阅读：中国传统文化中的师道

中华民族有悠久的教育传统，师道在不断地传承中发展，逐步积累和丰富了中华民族的师者风范。重温师道的含义，继承和发扬传统文化中的师道，从传统中汲取营养，让教师这一职业在今天依然能够成为文化传承的精神使者，具有重要意义。

世人对于韩愈的"师者，所以传道授业解惑也"早已耳熟能详，但是仔细想来，传道授业解惑更多是从师者的工作内容来讲的，不管德行高低，一个人只要有教师资格证，似乎就有了资格去做这三件事。当然，传的是什么道、授的是什么业、解的是什么惑，就只有他自己知道了。

说到"德"字，《说文解字》中讲"德，升也"，这不禁让人想到冯友兰先生对人的不同生命境界所做的四种划分：第一境是"自然境界"，此境界之人以本能的生物形式存在；第二境是讲求实际的"功利境界"，只做对自己有好处的事；第三境是"道德境界"的人，只做符合道义的事；第四境是超越世俗天人合一的"天地境界"。这四种境界，简言之就是生物的人、现实的人、道德的人、宇宙的人，他们由低级向高级渐次而成。德是什么？它就是人生逐渐脱离低级走向高级的那些台阶，是孟子所说的自"从其小体"而到"从其大体"的过程。

《康熙字典》上是这样解释"德"字的：凡言德者，善美，正大，光明，纯懿之称也。从造字法来看，"德"的甲骨文写法，左边是"彳"（chì），表示"行走"之意；右边是一只眼睛，眼睛上面有一条直线，表示眼睛要看正；二者相合就是"行得要正，看得要直"之意。到了金文阶段，又在右边的眼睛下加了"一颗心"，也就是说，这时人们又给"德"加了一条标准，即除了"行正、目正"外，还要"心正"，可见人们对"德"字要求越来越高。

事实上，任何一个对“德”有要求的人，都会有一种敬畏之心。人心惟危，道心惟微，正是因为我们常常要和自己容易放逸散乱的心角力，要和本能和私欲抗衡，所以君子人格才足够珍贵。

身为人师，每次看到北宋思想家周敦颐的一段话，都会让人不得不有所思：“或问曰：曷为天下善？曰：师。……先觉觉后觉，暗者求于明，而师道立矣；师道立，则善人多。”如果一名教师，自己没有“觉”，没有“明”，那么师道又如何得以确立呢？对于整个社会而言，善人的多少，又直接关乎师道是否能够确立。可以说，“师”应当是汇集天下之善的化身，直接关乎社会的兴衰。这样的使命，又有多少为人师者充分意识到了呢？

《周礼》有言，“德、行，内外之称。在心为德，施之为行”。古人敬拜“天地君亲师”，“师”已是“德”的代名词。一个人的肉体生命是父母给的，而精神生命则是老师给的。一个人想要求道、得道，是需要通过教师引领的。西汉文学家扬雄在《法言·学行》中说：“师哉，师哉！桐子之命也。务学不如务求师。师者，人之模范也。”

有一种观点认为，作为掌握专业知识技能的传承者，只要课讲得好，就是一名合格的教师。对此，笔者是不能认同的。即便是极力倡导师道尊严的古代社会，人们也深知“经师易得，人师难求”，毕竟，德行是很难仅仅以外在标准来衡量和判断的。这也是韩愈在《师说》中说“道之所存，师之所存也”的原因。

传统文化中所说的“学”并不仅仅是知识的学习，相应地，“师”也并不仅仅是知识上的教师。学、师，主要是从道德、人格高度（层面）来说的。用朱熹、王阳明的话讲，就是区分“闻见之知”和“德性之知”，前者对应知识性学习，后者对应德性。如今，很多人常常将师道尊严简单地理解为社会要尊重教师，但“道之所存，师之所存也”告诉我们，并非因为我们是教师，社会就应该无条件地给予尊重，重要的是你的身上有没有“道”。

司马光在《资治通鉴》里讲：才者，德之资也；德者，才之帅也。如果无“道”，有什么资格要求别人尊重他呢？在古代，学生见到老师，都要行弟子礼，师生关系乃人伦关系中的一个重要方面，终生不变。孔子周游列国，众弟子侍其左右，有的学生甚至追随了他一生，颜回对他，像儿子对待父亲一样亲近和崇敬；古人为父母会守孝三年，子贡却足足为他守孝六年。然而，如果今天有老师用这样的标准来要求自己的学生，那么首先就应该问自己的德行如何，是不是一个担负和传承“道义”的老师。这种“道”，正是师之道、师之德、师之魂的核心所在。

雅斯贝尔斯对于教育所下的浪漫定义早已深入人心，他说教育是“一棵树摇动另一棵树，一朵云推动另一朵云，一个灵魂唤醒另一个灵魂”，既然如此，没有灵魂或者灵魂丑恶的人，又如何去唤醒别人的灵魂呢？如此说来，一个教师，怎么能对自己的职业或是这份使命没有敬畏之心呢？教师的使命是重大的，足以影响一个人的一生。这种敬畏之心，不仅是对职业的敬畏、对责任的敬畏，更是对生命的敬畏。

作为教师，我们应该常常有一种紧迫感：在当下这个知识爆炸的时代，我们要如何不断保持自己授业解惑的能力？更应该时时自问自省，自己是否做到了言行一致、知行合一？又如何才能不辜负学生的信赖，在上下求索宇宙大道和生命终极意义上引领自己的学生？

老子在《道德经》中说："不失其所者久，死而不亡者寿。"韩愈在《通解》中说："以一身立教，而为师于百千万年间，其身亡而其教存。"先贤之风，山高水长，存于天地之间，虽世事变迁，教育之魂却乃永恒。每一个为人师者，都应该扪心自问——"德行"在"我"心灵天平上称重几何？对于"德行"这两个字，我们又真的是否生起了应有的敬畏之心？总之，中国传统师道是人类文明的一份宝贵遗产，在批判继承的基础上，通过创造性转换，融入当代师道修养之中，对于当代师道培养具有重要的意义。

（本文原载于《学习时报》2018 年 4 月 27 日）

第三堂课 为学之道

提　要

1. 学习到底为了什么？为别人还是为自己？
2. 今天我们的学习目标和中国古人的学习目标有何不同？

人为什么要学习

《礼记·学记》曰："玉不琢，不成器；人不学，不知道。是故古之王者建国君民，教学为先。"其意思是玉不加琢磨，不能成为器物；人若不学习，亦不会明白道理。因此，古代的君主建立国家、治理民众，都把教育当作首要的事情。清初大才子金圣叹，当有人问他为何不做官时，他曾说："学而第一，为政第二。"金圣叹将为政做官与学习做比较，强调学习的重要性。儒家学派重视个体的自身修养，他们的人生发展规划是：修身—齐家—治国—平天下，而修身就是通过学习来培养自身素质，把修身排在第一位，也是从另一个方面说明学习对于个人素质的重要性。《论语》共 11 705 字，由 1 352 个不同汉字排列组成，其中有 15 章，66 次提到"学"字。这个数据充分显示出孔子对学习的重视程度。

中国文化的综合性

北京大学楼宇烈先生特别强调"万物一理的贯通性"，他说这是中国传统文化整体性的突出表现。西方近代文化是一个分科的文化，而中国传统文化则是一个综合的文化，它把文史哲、政经法、农工医等都当作一个整体来看待，而不是把它们分门别类。同样一个道理，既可用于治国，也可用于治身，还可用于处理人与天地万物的关系。比如中国很重要的一个观念是阴阳五行，阴阳是此消彼长的，阴长阳就消，阳长阴就消。阳可以转换成阴，阴可以转换成阳。阴里面有阳，阳里面有阴。还有五行，金木水火土五行之间有一种相生相克的关系，比如金克木、水生木。现在大学设有政府管理学、企业管理学、经济管理学等课程，结果学政府管理学的只去政府工作，学企业管理学的只去企业工作，不懂得相通。而中国古人认为这些知识是相通的："上医治国，中医治人，下医治病""不为良相，则为良医""治大国如烹小鲜"。其实儒学里面不止包含了艺术、宗教、哲学，也包含了科学。按照董仲舒所讲的，做人、做事、养生、治国，必须"循天之道"，"天"就是天然、自然，"循天之道"就是指要遵循万事万物本来的内在规律。

儒家的学

孔子强调"学"，"学"不仅是指学习各种知识性的学识，更重要的是对自身修养的培养、德行的提升，就是俗话说的学会做人，通过学习、思考、实践，具备"仁"和"礼"的素养。子夏曾说："贤贤易色；事父母，能竭其力；事君，能致其身；与朋友交，言而有信。虽曰未学，吾必谓之学矣。"子夏强调人要重视品德、孝和信，在处理人际关系的过程中如果可以做到这三点，就算是学习过了。

孔子自已也说："君子不重则不威，学则不固。""君子食无求饱，居无求安，敏于事而慎于言，就有道而正焉，可谓好学也已。"孔子说，君子学习时，自身的行为要庄重，对生活要安贫乐道，就可说得上是好学了。子夏和孔子都没有从更具体的方面说明什么是"学"和"好学"，但是他们都从个人的品性和修养来说明"学"，在他们看来，个人品质修养比所谓学识渊博重要多了。

事实上，关于儒家学习的根本目的，按照《大学》中的说法，是为了"明明德"，即彰显人内在光明的品德。"大学"的概念，原本就是"大人之学"，关于怎样的人才是"大人"，孟子和学生公都子有一段对话，可以说是点明了问题的根本。公都子问曰："钧是人也，或为大人，或为小人，何也?"孟子曰："从其大体为大人，从其小体为小人。"（公都子）曰："钧是人也，或从其大体，或从其小体，何也?"（孟子）曰："耳目之官不思，而蔽于物。物交物，则引之而已矣。心之官则思，思则得之，不思则不得也。此天之所与我者。先立乎其大者，则其小者不能夺也。此为大人而已矣。"

《大学》

《大学》是孔子弟子曾子所作，是儒学的入门读物。所以，朱熹把它列为"四书"之首。"大学"的含义与今天不同，是指"大人之学"。《大学》的总纲如下：

> 大学之道，在明明德，在亲民，在止于至善。知止而后有定，定而后能静，静而

后能安，安而后能虑，虑而后能得。物有本末，事有终始。知所先后，则近道矣。古之欲明明德于天下者，先治其国；欲治其国者，先齐其家；欲齐其家者，先修其身；欲修其身者，先正其心；欲正其心者，先诚其意；欲诚其意者，先致其知；致知在格物。物格而后知至，知至而后意诚，意诚而后心正，心正而后身修，身修而后家齐，家齐而后国治，国治而后天下平。自天子以至于庶人，壹是皆以修身为本。其本乱，而末治者否矣；其所厚者薄，而其所薄者厚，未之有也。

【译文】

大学里所讲的圣王之道，在于发扬人心固有的光明的德性，在于革新人们的不良习俗，在于使人们达到最完美的道德境界。知道应达到的境界，才能够有坚定的志向；志向坚定了，意念才能够宁静而不妄动；意念宁静了，心情才能所处而安；心情安适了，考虑问题才能周详；考虑问题周详了，处理事情才能恰到好处而达到预期目的。万物都有根本有枝末，万事都有开始有终结。明白了这本末始终的道理，就接近学习和修养“大学之道”的方法了。古代那些想在天下弘扬光明正大品德的人，先要治理好自己的国家；要想治理好自己的国家，先要管理好自己的家庭和家族；要想管理好自己的家庭和家族，先要修养自身的品性；要想修养自身的品性，先要端正自己的心思；要想端正自己的心思，先要使自己的意念真诚；要想使自己的意念真诚，必须首先要有明确的认识；获得明确认识的方法在于学习、研究万事万物。学习和研究事物的道理之后，认识才能明确；认识明确了，意念才能真诚；意念真诚了，心思才能端正；心思端正了，才能修养品性；品性修养好了，才能管理好家庭和家族；家庭和家族管理好了，才能治理好国家；国家治理好了，天下才能太平。从天子到平民，人人都要以修养品性为根本。若这个根本被扰乱了，家庭、家族、国家、天下要治理好是不可能的；不分轻重缓急，本末倒置却想做好事情，这也同样是不可能的。

这里所展示的，是儒学“三纲八目”的追求。所谓“三纲”，是指明德、亲民、止于至善。它既是《大学》的纲领旨趣，也是儒学“垂世立教”的目标所在。所谓“八目”，是指格物、致知、诚意、正心、修身、齐家、治国、平天下。它既是为达到“三纲”而设计的条目路径，也是儒学为我们所展示的人生进修阶梯。通览“四书”“五经”，不难发现，儒家的全部学说实际上都是循着这“三纲八目”而展开的。

《大学》所树立的人生意义与目标，可以给今天的大学教育带来一个参考坐标。1922年，梁启超先生应苏州学界之邀做了一场演讲，演讲中他向学生们提问“为什么进学校”“为什么要求学问”“你想学些什么”，而后把自己的主张“为的是学做人”明确告诉听者。他说：“几何、物理、化学、生理、心理、历史、地理、国文、英语乃至哲学、文学、科学、政治、法律、经济、教育、农业、工业、商业等，不过是做人所需要的手段，不能说专靠这些便达到做人的目的。任凭你件件学得精通，你能成个人不能成个人，还是另一个问题……如做成一个人，知识自然是越多越好；你如果做不成一个人，知识却越多越坏。”现代教育体系之下的大学，不仅仅只是一个传递知识的场所，它还必须是“至善”这一最高价值理念的承担者与体现者。写《朱子家训》的朱用纯曾经也讲道，一个人读书之前是这个样，读书之后还是这个样，那就等于没有读书。所以说读书的第一个目的是学道，是完善自己。

为人之学与为己之学

在《论语·宪问》里，孔子讲“古之学者为己，今之学者为人”。这里说的“为己”不是为自己的名利，而是说学习修养完全是自己内心的要求，是为了自我完善与自己心安；而“为人”，就是做给别人看，沽名钓誉，用现在流行的话说，就是作秀。当然，当今也是为了通过学习获得深造和就业的敲门砖，诸如英语考级证书、会计师证书、律师证等。孔子提倡为己，所以儒学也被称作为己之学。孔子肯定古代人的学习，所谓“为己”是说学习的终极目的是提高自己的精神境界，做一个真正的人，提升自己的德行。所谓“为人”是指学习是为了做给别人看，取悦于人或追名逐利。

> 古之学者为己，今之学者为人。君子之学也，以美其身；小人之学也，以为禽犊。
>
> ——《荀子·劝学》
>
> 君子深造之以道，欲其自得之也。自得之，则居之安；居之安，则资之深；资之深，则取之左右逢其源，故君子欲其自得之也。
>
> ——《孟子·离娄下》
>
> 学问之道无他，求其放心而已矣。
>
> ——《孟子·告子上》

司马迁讲天下的学问无非两大类：“究天人之际，通古今之变。”“究天人之际”，是了解和把握人与天地万物之间的关系；“通古今之变”，就是了解人类社会、人事变动、朝代更迭给我们什么样的经验教训。

荀子在《劝学》中提出：“君子之学也，入乎耳，箸乎心，布乎四体，形乎动静……小人之学也，入乎耳，出乎口。口耳之间则四寸耳，曷足以美七尺之躯哉！”君子之学从耳朵里听进去，要把它留在心里，然后还要把它体现到行动中，他的四肢动静，一言一行，都可以成为人们的榜样。反过来，小人之学，是入乎耳，出乎口，口耳之间，对他的行为是不产生影响的，这样的学问怎么能够使得他的七尺之躯完美呢？所以他接着讲：“古之学者为己，今之学者为人。君子之学也，以美其身；小人之学也，以为禽犊。”意思是君子希望完美其身，而小人之学不过是交易用的，所以他耳朵里听进去嘴里就说出来了，只不过是一个贩卖的过程，对完善他的七尺之躯及人格是没有一点用处的。所以为己之学就是来完善自己的，完善的途径就是读书和学习。

儒家的立志

《大学》讲的“知止”，其实就是立志，亦即明确原则、厘清期许。“止”指“归宿”“立场”，“知止”即对目标、归宿和自己的原则立场有明确了解。明确了为什么而学习，也就明白了儒家人格中关于如何立志的问题。立怎样的志向，换言之，就是生命的意义如何定位，请诵读和体会以下关于立志的几段话：

士不可以不弘毅，任重而道远。仁以为己任，不亦重乎？死而后已，不亦远乎？

——《论语·泰伯》

三军可夺帅也，匹夫不可夺志也。

——《论语·子罕》

朝闻道，夕死可矣。

——《论语·里仁》

志不强者智不达，言不信者行不果。

——《墨子·修身》

夫志，气之帅也，人之命也，木之根也，水之源也。

——王阳明《示弟立志说》

如欲平治天下，当今之世，舍我其谁！

——《孟子·公孙丑下》

《老子》里有言："不失其所者久，死而不亡者寿。"《左传·襄公二十四年》载，春秋时鲁国的叔孙豹与晋国的范宣子曾就何谓"死而不朽"展开讨论。范宣子认为，他的祖先从夏、商、周以来世代为贵族，家世显赫、香火不绝，这就是"不朽"。叔孙豹则以为不然，他认为这只能叫作"世禄"而非"不朽"。在他看来，真正的"不朽"乃是"太上有立德，其次有立功，其次有立言，虽久不废，此之谓不朽"。

有人可能会说，这三不朽是圣人才可以去追求的境界，大儒们一生追求"内圣外王"，我们普通人没办法树立这一宏伟的目标和志向。事实上，即使你并不想追求"不朽"，至少还是应该思考人生的目标、意义和价值。立志并不等同于职业理想，生命是一种伟大的偶然，每个人都是过客，但是仍旧可以通过自己的愿力为世间留下些什么。

更重要的是，一个人立志最重要的作用是：第一，可以让人集中心力，专注于一个点上，这样在前行的过程中就会少走一些弯路、少做一些无用功，因为志向不明的时候，往往容易朝三暮四、游移不定。第二，《诗经》有言："靡不有初，鲜克有终。"任何一件事情的达成、一个目标的实现，都不会是一蹴而就的，必然要经历很多的反复和波折，很多时候志向不明就会半途而废、功亏一篑，就更容易忘记初心，也缺乏克服困难的勇气和毅力。

学习的基本方法

孔子说自己"十有五而志于学"，正是立志、学习的过程使他达到了道德的圆融，能够远诱惑、不生疑、知天命、明人事，最后通向道德的自由，"从心所欲而不逾矩"。学问求知在孔子"仁"的思想中，占有很重要的地位。求学问道的过程，正是一个人追寻人生意义、提升人格修养的过程。学习是自我在人生中与世界交流的过程，思考一生中所遭遇的事物，思考生命与宇宙的意义（立于学、不惑），达到仁的理想，学习的基始在于君子的仁知仁觉。学习发于理想，走向目标，是自我修正、自我整合、自我组织、自我创造和自我完善的过程。中国的文化是一种学智慧的文化，不是单纯的学知识的文化。知识是静止的，智慧是灵动的。智慧是一种运用知识、发现知识、掌握知识的能力。很多人信奉一句话——知识就是力量，可是没有意识到，知识如果不能运用，不仅不会是力量，有时还会成为禁锢思想的牢笼，让人困惑郁闷，不知何去何从。所以，或许应该讲“智慧才是力量”，智慧经由发现知识、掌握知识而能够运用知识，它是活的，因此才有力量。

知行合一

由于儒家治学的根本在于人格修养的提升，因此知与行必然需要在个体的身上达成统一，才能真正学有所成。所谓“学而时习之，不亦说乎”，“习”的本义是小鸟练习飞翔，一次次地飞，一次次体验进步的过程，才是快乐和喜悦的来源。对每一个学习者而言，学到文本知识之后能够在实践中体验、明晰，并且能够解决一些实际问题，才会有成就感和满足感。事实上，孔子对子贡所讲的自己的核心学习方式就是“一以贯之”，这个“贯之”恰恰就是把所学和实践有机结合。

学者余世存曾经讲过：“传统的读书人把知识当作能够滋养人生的东西，这既包括生命，也包括身体。”古人说的“富润屋，德润身”，强调只有把知识转化为个人的德行，才能发挥其最宝贵的价值，知识分子理应通过发挥知识的价值来建立和周围世界的关系。

孔子讲“人能弘道，非道弘人”，其实也是在说“行”的重要性。一个人学习到的所有知识、技能和本领，最后转化成自己的信念和力量，更能够通过自己这一“载体”体现道、弘扬道，让更多人对这个道生起信心。

由于我们在后面的章节还会专门探讨王阳明的知行合一理论，在此只是点到为止，把“知行合一”作为学习的方法和态度简单讲解。

链接阅读：儒家经典中对学习方法与态度的探讨

博学之，审问之，慎思之，明辨之，笃行之。有弗学，学之弗能弗措也；有弗问，问之弗知弗措也；有弗思，思之弗得弗措也；有弗辨，辨之弗明弗措也；有弗行，行之弗笃弗措也。人一能之，己百之；人十能之，己千之。果能此道矣，虽愚必明，虽柔必强。

——《中庸》

学然后知不足，教然后知困。知不足，然后能自反也；知困，然后能自强也。故曰：教学相长也。

——《礼记·学记》

好仁不好学，其蔽也愚；好知不好学，其蔽也荡；好信不好学，其蔽也贼；好直不好学，其蔽也绞；好勇不好学，其蔽也乱；好刚不好学，其蔽也狂。

——《论语·阳货》

子以四教：文、行、忠、信。

——《论语·述而》

知之者不如好之者，好之者不如乐之者。

——《论语·雍也》

子曰："默而识之，学而不厌，诲人不倦，何有于我哉？"

——《论语·述而》

士志于道，而耻恶衣恶食者，未足与议也。

——《论语·里仁》

冉求曰："非不说子之道，力不足也。"子曰："力不足者，中道而废。今女画。"

——《论语·雍也》

叶（shè）公问孔子于子路，子路不对。子曰："女奚不曰，其为人也，发愤忘食，乐以忘忧，不知老之将至云尔。"

——《论语·述而》

三人行，必有我师焉。择其善者而从之，其不善者而改之。

——《论语·述而》

子贡问曰："孔文子何以谓之'文'也？"子曰："敏而好学，不耻下问，是以谓之'文'也。"

——《论语·公冶长》

子曰："见贤思齐焉，见不贤而内自省也。"

——《论语·里仁》

学而不思则罔，思而不学则殆。

——《论语·为政》

学而时习之，不亦说乎？

——《论语·学而》

温故而知新，可以为师矣。

——《论语·为政》

子曰："赐也，女以予为多学而识之者与？"对曰："然，非与？"曰："非也。予一以贯之。"

——《论语·卫灵公》

子曰："诵《诗》三百，授之以政，不达；使于四方，不能专对；虽多，亦奚以为？"

——《论语·子路》

德之不修，学之不讲，闻义不能徙，不善不能改，是吾忧也。

——《论语·述而》

发虑宪，求善良，足以謏（xiǎo，小）闻，不足以动众。就贤体远，足以动众，未足以化民。君子如欲化民成俗，其必由学乎！

玉不琢，不成器；人不学，不知道。是故古之王者建国君民，教学为先。《兑命》曰：

“念终始，典于学。”其此之谓乎！

虽有嘉肴，弗食，不知其旨也；虽有至道，弗学，不知其善也。是故学然后知不足，教然后知困。知不足，然后能自反也；知困，然后能自强也。故曰：教学相长也。《兑命》曰：“学学半。”（前一个“学”字音是 xiào，意思是教育别人；后一个“学”字音为 xué，意思是向别人学习）其此之谓乎！

古之教者，家有塾，党有庠（xiáng），术（suì，遂）有序，国有学。比年（bì，每一年）入学，中年（隔一年）考校。一年视离经辨志，三年视敬业乐群，五年视博习亲师，七年视论学取友，谓之小成。九年知类通达，强立而不反，谓之大成。夫然后足以化民易俗，近者说（同“悦”）服而远者怀（向往）之，此大学之道也。《记》曰：“蛾（yǐ）子时术之。”其此之谓乎。

大学始教，皮弁（biàn）祭菜，示敬道也。《宵雅》肄（yì）三，官其始也。入学鼓箧（qiè），孙（xùn，通“逊”，以逊顺之心）其业也。夏、楚二物，收其威也。未卜禘（dì）不视学，游其志也。时观而弗语，存其心也。幼者听而弗问，学不躐（liè，超越）等也。此七者，教之大伦（纲要）也。《记》曰：“凡学，官先事，士先志。”其此之谓乎。

大学之教也，时教必有正业，退息必有居学。不学操缦，不能安弦；不学博依，不能安《诗》；不学杂服，不能安礼；不兴其艺，不能乐学。故君子之于学也，藏焉，修焉，息焉，游焉。夫然，故安其学而亲其师，乐其友而信其道。是以虽离师辅而不反。《兑命》曰：“敬孙务时敏，厥修乃来。”其此之谓乎！

今之教者，呻其佔（shān）毕，多其讯言，及于数进，而不顾其安，使人不由其诚，教人不尽其材。其施之也悖，其求之也佛（拂）。夫然，故隐其学而疾其师，苦其难而不知其益也，虽终其业，其去之必速。教之不刑，其此之由乎！

大学之法，禁于未发之谓豫，当其可之谓时，不陵节而施之谓孙，相观而善之谓摩。此四者，教之所由兴也。

发然后禁，则扞（hàn）格而不胜；时过然后学，则勤苦而难成；杂施而不孙，则坏乱而不修；独学而无友，则孤陋而寡闻；燕朋逆其师；燕辟废其学。此六者，教之所由废也。

君子既知教之所由兴，又知教之所由废，然后可以为人师也。故君子之教喻也，道（dǎo，导引）而弗牵，强（qiǎng，劝勉）而弗抑，开而弗达。道而弗牵则和，强而弗抑则易，开而弗达则思。和易以思，可谓善喻矣。

学者有四失，教者必知之。人之学也，或失则多，或失则寡，或失则易，或失则止。此四者，心之莫同也。知其心，然后能救其失也。教也者，长善而救其失者也。

善歌者，使人继其声；善教者，使人继其志。其言也约而达，微而臧，罕譬而喻，可谓继志矣。

君子知至学之难易，而知其美恶，然后能博喻，能博喻然后能为师；能为师然后能为长，能为长然后能为君。故师也者，所以学为君也。是故择师不可不慎也。《记》曰：“三王四代唯其师。”此之谓乎！

凡学之道，严师为难。师严然后道尊，道尊然后民知敬学。是故君之所不臣于其臣者二：当其为尸，则弗臣也；当其为师，则弗臣也。大学之礼，虽诏于天子，无北面，所以尊师也。

善学者，师逸而功倍，又从而庸之。不善学者，师勤而功半，又从而怨之。善问者，如攻坚木，先其易者，后其节目，及其久也，相说以解；不善问者反此。善待问者，如撞钟，叩之以小者则小鸣，叩之以大者则大鸣，待其从容，然后尽其声。不善答问者反此。此皆进学之道也。

记问之学，不足以为人师。必也其听语乎！力不能问，然后语之；语之而不知，虽舍之可也。

良冶之子必学为裘；良弓之子必学为箕；始驾马者反之，车在马前。君子察于此三者，可以有志于学矣。

古之学者，比物丑类。鼓无当于五声，五声弗得不和；水无当于五色，五色弗得不章；学无当于五官，五官弗得不治；师无当于五服，五服弗得不亲。

君子曰："大德不官，大道不器，大信不约，大时不齐。察于此四者，可以有志于学矣。"

三王之祭川也，皆先河而后海，或源也，或委也。此之谓务本。

——《礼记·学记》

第四堂课 德之本：孝道

提　要

1. 为什么儒家思想把孝道置于德行之本的位置?

2. 有人批判儒家的忠孝为“愚忠”“愚孝”，我们应该怎样看待这种态度?

3. 当今社会，孝道的表达方式是否应和古代有所区别？我们应怎样看待和遵循古人所讲的孝道呢?

百善孝为先

百善孝为先在中国民间广为流传。“孝”的本义是上一代与下一代融为一体。《说文解字》解释篆体“孝”字云:“善事父母者。从老省，从子，子承老也。”孝就是老人与子女的关系。《诗经》有言:“父兮生我，母兮鞠我。拊我畜我，长我育我。顾我复我，出入腹我。欲报之德。昊天罔极!”通过描述父母对子女无微不至的照料和无时无刻的牵挂，表达了父母恩情大如青天、子女难以报答的情感。经典文献中也有很多关于孝的论述。

> 夫孝，天之经，地之义，民之行也。
>
> ——《孝经》
>
> 仁者，人也，亲亲为大。
>
> ——《中庸》
>
> 夫孝，德之本也，教之所由生也。
>
> ——《孝经》
>
> 孝，德之始也；悌，德之序也；信，德之厚也；忠，德之正也。
>
> ——《孔子家语》

孝作为一个伦理观念正式提出是在西周。在西周，“孝”的含义有：

其一，尊祖敬宗。施孝（尽孝）的方式主要是祭祀，在宗庙通过奉献供品祭祀祖先，尽孝的对象是死去的人，这带有一定的宗教色彩。

其二，传宗接代。在周朝的人们看来，祖先是我辈的生命之源，因此，崇拜祖先就是把祖先的生命延续下去，生生不息。《易经》有云：“先祖者，类之本也，无先祖，恶出？”可见，西周时期的“孝”是一种类似于宗教伦理的理念。

在儒家的五伦——“父子有亲，君臣有义，夫妇有别，长幼有叙，朋友有信”（《孟子·滕文公上》）中，孟子认为父子、君臣两伦最重要，“仁之实，事亲是也；义之实，从兄是也”（《孟子·离娄上》），孝悌成了五伦的中心。所谓“人人亲其亲，长其长，而天下平”（《孟子·离娄上》）、“入则孝，出则悌，守先王之道”（《孟子·滕文公下》），都将孝悌作为德性的最高表现。因此，孟子最为推崇的圣人是尧舜，“尧舜之道，孝悌而已矣”（《孟子·告子下》）。孟子将孝悌作为伦理道德的中心，是对孔子孝悌合一思想的直接继承与发展，使孝道进一步政治化。

从个体来讲，孝道是修身养性的基础。通过践行孝道，每个人的道德可以完善。否则，失去孝道，就失去做人的最起码的德性。因此，儒家历来以修身为基础。在今天，倡导孝道并将此作为培育下一代道德修养的重要内容仍然具有重要的现实意义。

从家庭伦理到治国之道

“孝”的观念，表面上看是一种家庭伦理，事实上却关乎国家与社会的治理。二者的内在联系从以下经典论述中可见一斑：

> 其为人也孝弟，而好犯上者，鲜矣！不好犯上，而好作乱者，未之有也。君子务本，本立而道生。孝弟也者，其为仁之本与！
>
> ——《论语·学而》
>
> 凡为天下，治国家，必务本而后末。所谓本者，非耕耘种植之谓，务其人也。务其人，非贫而富之，寡而众之，务其本也。务本莫贵于孝。
>
> ——《吕氏春秋》
>
> 夫然，故生则亲安之，祭则鬼享之。是以天下和平，灾害不生，祸乱不作。故明王之以孝治天下也如此。
>
> ——《孝经》

孝道文化是中国传统文化的基本内容，“民用和睦，上下无怨”，同时又是和谐文化的组成部分。孝治是孟子为君主设计的一种理想境界，他不厌其烦地向梁惠王反复宣扬孝治，“申之以孝悌之义”，这使儒家的孝道难免蒙上了一层政治色彩。在中国传统社会中，儒家历来把孝与感恩视为“人伦之公理”，将它作为维护社会伦理关系和政治统治的重要手段，并且把孝与感恩和“忠君”“爱国”相联系，以孝为“修身、齐家、治国、平天下”的出发点，使孝与感恩这种调节亲子关系的道德规范扩展为具有普遍社会意义的行为准则，成为社会教化的基本内容。

为了维护、形成孝道传统，在周朝，每年会举行一次规模盛大的“乡饮酒礼”活动，旨在敬老尊贤。礼法规定，70 岁以上的老人有食肉的资格，享受敬神一样的礼遇。春秋战国时期，70 岁以上的老人免一子赋役，80 岁以上的老人免两子赋役，90 岁以上老人全家免赋役。在相当长的历史时期，《孝经》是官方规定的教材，是开科取士的考评依据。小孩子从入学起便从童蒙教材《三字经》中诵读“首孝悌，次见闻”。此外，历史上很多法令法规都严惩不孝。隋唐后的刑律皆将不孝列入等同谋反、不予宽赦的“十大恶”之中。历代杀父母者皆被凌迟处死。明律中，凡不顺从父母致使父母生气的事皆视为忤逆，可告于官，要打板子甚至判刑。

仅有数千言的《孝经》，以孝为纲，历陈“五等之孝”，提出了天子、诸侯、卿大夫、士、庶人各个等级所应遵守的基本规范，更是把孝道作为一种人人都要身体力行的准则和道德规范。孔子的弟子曾子受孔子孝道思想的启示，由事亲之孝扩展为五伦之孝，认为做人之道，除尊敬父母师长、供养侍奉外，还要洁身自爱、力争进取，上则尽忠报国，下则爱人以德。“居处不庄，非孝也；事君不忠，非孝也；朋友不信，非孝也。”儒家之孝，由父母之孝演绎成五伦之孝，推家及国，以孝齐家，最终以孝治国。

中国古人从来都是把家和国放在一个系统中来看待的。忠孝两全是对国家而言的。孝忠相通，孝始忠结。孔子说：“夫孝，始于事亲，中于事君，终于立身。”曾子说：“孝子善事君。”把对父母的孝心转化为对国家的忠心，把对家的责任感转移至对国的责任感，这是儒家孝道观的一大特点。

孝与悌

孝与悌，在古代常被相提并论，孝是代际关系，悌则是同辈关系。据《说文解字》，“善兄弟曰悌”。兄弟相善，即兄友弟恭，团结和睦。在中国传统文化中，悌往往与孝联系在一起，并称为孝悌，孝悌构成了中国古代人伦的根基，是人之为人的根本所在。孔子在春秋晚期周室衰微、诸侯战争不断、礼乐崩坏的情况下，创造性地提出了“孝悌合一”的思想。孝是家族系统中规范父子关系的纵向道德规范，处理的是家庭中的上下关系；悌是规范兄弟关系的横向伦理范畴，处理的是家庭中的左右关系。这一纵一横的道德标准，用来教化人民知礼守德，以达到家庭和谐和社会稳定。

伯夷、叔齐是最广为流传的兄友弟恭的典范。商朝末年，孤竹国的国君偏爱第三个儿子叔齐，希望将君主之位传于叔齐。但当他去世后，叔齐却不慕权势，依照嫡长子继承制，希望尊长兄伯夷为新任君主。可伯夷也不肯继位国君，他认为应当顺从父亲遗愿，由三弟叔齐继位。由于彼此谦让，两兄弟先后避走他乡，宁愿流落异国也不愿与自己的亲兄弟争抢国君之位。在伯夷、叔齐的心中，“悌”不是令人桎梏的礼教，不是虚以示人的伪装，而是一份源于惜惜之情的相互爱护。

中国人颂扬兄弟和睦共处，而将兄弟反目成仇视为人格上的大污点。比如郑庄公对其弟“郑伯克段于鄢”的狡诈阴险，曹丕对曹植“相煎何太急”的嫉恨迫害，唐太宗李世民为了继承王位，发动玄武门政变，杀死自己的亲哥哥，虽然他们在历史上功绩显赫，但仍被认为违背伦理道德。

儒家把“修身、齐家、治国、平天下”看作是个人修为的一个渐次递进的过程。其中的齐家就是要处理好父子、兄弟、夫妇等关系，这里面包含了悌德内涵，可以说，守悌是齐家的一个重要方面。由此看来，悌不仅是家庭、社会中提倡的规矩法则，更是一个人个人修为的重要表现。“悌，德之序也。”从做人的角度来讲，守悌也是立德，立德又是一个人修为的根本。孔子说：“其为人也孝弟，而好犯上者，鲜矣！”就是说，孝顺父母、敬爱兄长的人，很少会忤逆不道。就此，一个人拥有悌的品质，已被看作为人处事的道德保障。孔子还说：“弟子入则孝，出则悌，谨而信，泛爱众，而亲仁。”就是说一个人在家做到孝悌正是他在社会上能与他人处理好关系的基础。孟子继承了这一说法，他说：“谨庠序之教，申之以孝悌之义。”在现代社会，悌的思想应推广为社会交往之间的尊重友爱。“君子敬而无失，与人恭而有礼，四海之内，皆兄弟也。”一个人只有具有“敬而无失”“恭而有礼”的修为，才能被他人所敬重。

孔子还把悌与为政相提并论，主张孝悌之德、为政之本。有人问孔子：“你为什么不从事政治呢？”孔子引用《尚书》中的话说“孝乎惟孝，友于兄弟，施于有政”。这三句话是周成王用来表扬周公子君陈的，说的是君陈之所以具有担当国家官职的资格、能参与政事，是因为他有孝悌之德。孔子认为，把这孝悌的道理施于政事，也就是从事政治了。

《孝经》中说“敬其父，则子悦；敬其兄，则弟悦；敬其君，则臣悦；敬一人，而千万人悦”，继而“一家仁，一国兴仁；一家让，一国兴让”。一个人连自己的兄弟姐妹都不敬爱，怎么可能期望他对别人有仁爱之心呢？

孝道的文化内涵

孝之道，表面上看似乎只是要求子女对父母的敬爱，事实上，其中却有着丰富和深刻广泛的内涵，概括来说，有以下三个方面：

第一内涵：生命延续

> 父母生之，续莫大焉。
>
> ——《孝经》
>
> 伐一木，杀一兽，不以其时，非孝也。
>
> ——曾子

曾子的这句话，或许有很多人会有疑惑，敬老尊老是人与人之间的关系问题，为什么会牵扯上砍树和杀兽呢？事实上，这里面强调的是一种“天伦”。我们试想，植物也好、动物也罢，所有的物种都希望有一种生命的延续，如果人类希望“子子孙孙无穷尽也”，就也应当适当顾及自然界的可持续发展，这也正是孔子“己所不欲，勿施于人”思想的一种体现。

“不孝有三，无后为大。”保护传承祖先的基因血脉，实现发扬家族的社会功德，保证子女的生存和发展，是为人父母的法理责任和历史使命。中西方代际关系的差异就在于西方人普遍认为抚养孩子是上帝托管的义务，而东方会觉得子女和晚辈是自己生命的延续。

第二内涵：推己及人

我们都很熟悉“老吾老以及人之老”这句话，既然儒家讲究的是一种体现亲疏远近的“差等之爱”，就意味着一个人从爱他的至亲开始，才有可能把爱推广到更大范围。因此会有“亲亲，仁民，爱物”这样的一个次序。从“首孝悌”到“泛爱众”，是一种符合人性和人情的推演，若想在社会公共空间内呈现和谐友爱的景象，生发点就在于家庭内部的代际关系。父母生养子女，付出心血和无条件的爱，这种情感基础正是一个人孝亲爱亲最自然的源泉。

当然，从孝道推广到“四海之内皆兄弟”是人们比较容易理解的过程，而北宋大儒张载论孝的文章《西铭》则把孝道上升到了一种形而上的文化高度，提出了“天父地母”的说法：

> 乾称父，坤称母；予兹藐焉，乃混然中处。故天地之塞，吾其体；天地之帅，吾其性。民，吾同胞；物，吾与也。大君者，吾父母宗子；其大臣，宗子之家相也。尊高年，所以长其长；慈孤弱，所以幼其幼；圣，其合德；贤，其秀也。凡天下疲癃、残疾、惸独、鳏寡，皆吾兄弟之颠连而无告者也。于时保之，子之翼也；乐且不忧，纯乎孝者也。违曰悖德，害仁曰贼，济恶者不才，其践形，惟肖者也。知化则善述其事，穷神则善继其志。不愧屋漏为无忝，存心养性为匪懈。恶旨酒，崇伯子之顾养；育英才，颖封人之锡类。不弛劳而底豫，舜其功也；无所逃而待烹，申生其恭也。体其受而归全者，参乎！勇于从而顺令者，伯奇也。富贵福泽，将厚吾之生也；贫贱忧戚，庸玉汝于成也。存，吾顺事；没，吾宁也。

第三内涵：慎终追远

古人对孝的要求，不仅着眼于父母生前，更注重死后。孔子的原话为：“生，事之以礼；死，葬之以礼，祭之以礼。”曾子补充道：“慎终，追远，民德归厚矣！”

中国人有一种“光宗耀祖”的追求，“祖宗”一词在中国文化中具有非同寻常的意义。作为一种社会文化现象，崇拜祖宗的活动在古代中国非常普及：纵向上，从夏商周三代到清代，祭祖仪式一直延续，宗庙与社稷始终合一；横向上，皇家与民间普通百姓家每年都要举行庄严的祭祖仪式，祖宗崇拜的观念根深蒂固。几千年来，乡村的基本单位是自然村庄。它们往往是由世代聚居的某个宗族或几个宗族的联合体组成，而家族普遍对记载祖先事迹与血缘谱系的家谱、族谱很重视……诸如此类的社会事实有力地支持了祖宗观念的世代相传。

由祖宗崇拜、祭祖仪式培育的“慎终追远”观念已渗透我们的民族精神，广泛地表现在中国人生活的许多方面。

如何尽孝

关于如何尽孝，相信每个人都有自己的理解。事实上，尽孝二字也很难有完全统一的标准。孟子说："世俗所谓不孝有五：惰其四支，不顾父母之养，一不孝也；博弈好饮酒，不顾父母之养，二不孝也；好货财，私妻子，不顾父母之养，三不孝也；从耳目之欲，以为父母戮，四不孝也；好勇斗狠，以危父母，五不孝也。"事实上，尽孝这件事情，没有办法去确立一个统一的规范和标准，因为这原本就应该是每个人从内心生发的对父母的情感，所以有句话叫作"百善孝为先，论心不论迹，论迹贫家无孝子"。虽说没有统一标准，每个人却仍可以按照以下几个方面反观自省，看看我们自己做得如何。

敬大于养

曾子曰："孝有三，大孝尊亲，其次弗辱，其下能养。"

——《礼记》

子游问孝。子曰："今之孝者，是谓能养。至于犬马，皆能有养；不敬，何以别乎？"

——《论语·为政》

子夏问孝。子曰："色难。有事，弟子服其劳；有酒食，先生馔。曾是以为孝乎？"

——《论语·为政》

有很多做儿女的都有一个共同特点——为父母花钱，买东西是很大方的，在物质层面尽可能满足父母的需求。然而，他们最主要的问题就是对父母没有耐心，也无法抽出时间陪伴他们。

孔子明确地提出在侍奉父母时，要做到和颜悦色。他特别强调态度问题，主要是考察为人子女的孝心是否根于诚笃，要求子女要对父母有敬爱之心，真心实意。对子游的发问，关于如何具体行孝，孔子在这里突出了一个"敬"字，很是精辟。人们有一种共同的缺点，就是对待自己关系很近的亲人和朋友，有时候不太会克制自己的情绪，于是态度就会比较粗暴和不耐烦。

《论语·里仁》中说："父母之年，不可不知也；一则以喜，一则以惧。"喜的是父母尚在，惧的是眼看着他们一天天变老，不知疾病和死亡等无常之事何时会来到。其实，子女对父母的耐心本身也是一种敬意。有一首歌曲曾经红极一时，就是《时间都去哪儿了》，其中包含着父母对于子女飞速长大的感慨，也包含着子女对父母悄然衰老的遗憾。

自爱也是孝

关于孝，孔子有一句名言："父母唯其疾之忧。"这句话的意思是，为子女者要想想自己生病时，父母那种忧愁、担心的心情。言外之意不言自明。这句话的深意还在于：为人子女者除了因病使父母担忧外，其他的一切都不要让父母操心，如安全、守法等，做到了这些也是孝。

身体发肤，受之父母，不敢毁伤，孝之始也。立身行道，扬名于后世，以显父母，孝之终也。

——《孝经》

也就是说，做子女的要自爱，这是孝的起点，要"立身"并成就一番事业，让父母脸上有光，这是孝的更高要求。因此，终日无所事事，一生庸庸碌碌，无疑是对父母的不孝。可见，自爱与自强也是孝道的题中应有之义。

孝敬不是盲从

19世纪的法国思想家孟德斯鸠曾经给予中国古人的“孝道”积极的评价。他在其名著《法的精神》里写道：中国的立法者们认为政府的主要目的是帝国的太平。在他们看来，服从是维持太平最适宜的办法。从这种思想出发，他们认为应该激励人们孝敬父母；他们并且集中一切力量，使人恪守孝道。他们制定了无数的礼节和形式，使人对双亲，在他们的生前和死后，都能恪尽人子的孝道。尊敬父亲就必然尊敬一切可以视同父亲的人物，如老人、师长、官吏、皇帝等都与“父亲”联系着。对父亲的这种尊敬，就要父亲以爱还报其子女。由此推论，老人要以爱还报青年人，官吏要以爱还报其治下的老百姓，皇帝要以爱还报其子民。所有这些都构成了礼教，而礼教构成了国家的一种精神。

当然，中国传统的孝道在被封建统治者作为统治工具时，过于强调服从，过于强调在下的臣子、幼辈对在上的君父、尊长尽忠尽孝的责任；在具体的礼节上，内容也繁缛和刻板。我们究竟该如何辩证地看待儒家的孝敬、孝顺呢？有人说孝就是顺，事实上是这样吗？我们不妨来看以下两段文字：

《孝经·谏诤》中有这样一段：

> 昔者，天子有争臣七人，虽无道，不失其天下；诸侯有争臣五人，虽无道，不失其国；大夫有争臣三人，虽无道，不失其家；士有争友，则身不离于令名；父有争子，则身不陷于不义。故当不义，则子不可以不争于父，臣不可以不争于君；故当不义则争之。从父之令，又焉得为孝乎！

《荀子·子道》里记述了孔子、鲁哀公和子贡的一段对话，也非常耐人寻味。

> 鲁哀公问于孔子曰：“子从父命，孝乎？臣从君命，贞乎？”三问，孔子不对。孔子趋出，以语子贡曰：“乡者，君问丘也，曰：‘子从父命，孝乎？臣从君命，贞乎’。三问而丘不对，赐以为何如？”子贡曰：“子从父命，孝矣；臣从君命，贞矣；夫子有奚对焉。”孔子曰：“小人哉，赐不识也！昔万乘之国有争臣四人，则封疆不削；千乘之国有争臣三人，则社稷不危；百乘之家有争臣二人，则宗庙不毁。父有争子，不行无礼；士有争友，不为不义。故子从父，奚子孝？臣从君，奚臣贞？审其所以从之之谓孝、之谓贞也。”

【译文】

鲁哀公问孔子说：“儿子服从父亲的命令，就是孝顺吗？臣子服从君主的命令，就是忠贞吗？”问了三次，孔子不回答。孔子小步快走而出，把这件事告诉子贡：“刚才，国君问我，说：‘儿子服从父亲的命令，就是孝顺吗？臣子服从君主的命令，就是忠贞吗？’问了三次而我不回答，你认为怎样？”子贡说：“儿子服从父亲的命令，就是孝顺了；臣子服从君主的命令，就是忠贞了。先生又能怎样回答他呢？”

孔子说：“真是个小人，你不懂啊！从前拥有万辆兵车的大国，只要有了四个敢于诤谏的大臣，那么疆界就不会被割削；拥有千辆兵车的小国，有了三个敢于诤谏的大臣，那么国家政权就不会危险；拥有百辆兵车的大夫之家，有了两个诤谏的大臣，那么宗庙就不会毁灭。父亲有了诤谏的儿子，就不会做不合礼制的事；士人有了诤谏的朋友，就不会做不合道义的事。所以，儿子一味听从父亲，怎能说这儿子是孝顺？臣子一味听从君主，怎能说这臣子是忠贞？弄清楚了听从的是什么才可以叫作孝顺、叫作忠贞。”

我们不难看出，孔子认为的孝道并非像一些人所理解的那样愚昧和非理性，上面的经典表述都明确指出了对于父辈或家长“谏诤”的重要性。事实上，蒙学读物《弟子规》里也讲道：“亲有过，谏使更。”我们不难发现，孔子态度十分鲜明，他反对一味盲从，反对愚忠、愚孝。上文中引用的《孝经》里的“父有争子，则身不陷于不义。故当不义，则子不可以不争于父；臣不可以不争于君”这一段，表明做父亲的，若有能谏诤的儿子，就不会陷于不义的行为之中，做儿子的若看到父亲有不义的行为，就应该直言相劝；对父母有意见，应该有礼貌地提出，不应和父母吵架、耍态度。为人臣子的若看到君王有不义的行为，就应该进言劝止。这些都体现了孔子的辩证思想和民主思想。也就是说，在父母有不义的时候，不仅不能顺从，还应谏诤父母，使其改正不义，这样可以防止父母陷于不义。

墨子曾经尖锐地指出：“天下之为父母者众，而仁者寡，若皆法其父母，此法不仁也。法不仁，不可以为法。”（《墨子・法仪》）《孔子家语》记载了“小棰则待过，大杖则逃走”一句。背景是说曾参因为种瓜误点被父亲毒打一顿，挨打后不省人事，醒来后还装作很高兴的样子。孔子听说后，非常气愤，甚至不认他这个弟子。孔子说当年舜对待父亲的责罚从来都是小受大走，也不失去对父亲的孝心，曾参的行为则陷父亲于不义的深渊。从孔子的言语中我们不难发现，他并非提倡没有原则的顺从，而是希望做子女者可以对孝道有一个灵活的理解和掌握。从某种意义上讲，这也是儒家中庸精神的一种体现，凡事都不能过于极端。

祭祀与缅怀之孝

三年无改于父之道，可谓孝矣。

——《论语》

孟懿子问孝。子曰：“无违。”樊迟曰：“何谓也?”子曰：“生，事之以礼；死，葬之以礼，祭之以礼。”

——《论语》

孝子之事亲也，居则致其敬，养则致其乐，病则致其忧，丧则致其哀，祭则致其严。五者备矣，然后能事亲。

——《孝经》

夫然，故生则亲安之，祭则鬼享之。

——《孝经》

前文说到了，孝道的重要内涵之一是慎终追远，从孝的行为层面来看，儒家也把送葬看得很重，在丧礼时要尽各种礼仪。人死后坟头有人填土、年节有人祭奠。在死者的祭日以及传统节日如清明节举行上坟扫墓等祭奠活动，是生者对死者寄托的哀思与缅怀，也是中国孝道文化的内涵与礼数。对先祖和死去的亲人慎终追远、缅怀思念，是中国孝文化代代相袭、辈辈相传的特色与习俗，是中国人一种永恒的孝道和仁爱的体现，应该予以辩证看待。

孝道的现实意义

在我国进入人口老龄化的今天，辩证看待孝道文化具有深远的社会意义和现实指导意义。我国老年人口已逾1.3亿，约占总人口的11%以上，尤其是我国老年人口基数大、涨势迅猛，使中国在“未富先老”的情况下迎来了人口老龄化。据有关资料预测，到2025年，我国老年人口将达2.8亿，约占总人口的20%，80岁以上的老年人口也将达2 500万。到那时，我国60岁以上的老年人数量将相当于美国的总人口、两倍于日本的总人口，其中80岁以上的老年人也将超过澳大利亚的总人口。

目前，社会中坚力量大多是独生子女，能够陪伴父母的时间和精力非常有限。当然，总体说来，孝这个问题既是社会层面的，也是个人层面的。“百善孝为先，论心不论迹。”或许孝道永远没有一个统一的衡量标准，但是每个人的内心都应当有一份符合良知的孝道的准则。

链接阅读：《孝经》节选

子曰：“夫孝，德之本也，教之所由生也。”

——《开宗明义》

身体发肤，受之父母，不敢毁伤，孝之始也。立身行道，扬名于后世，以显父母，孝之终也。夫孝，始于事亲，中于事君，终于立身。

——《开宗明义》

子曰：“爱亲者，不敢恶于人；敬亲者，不敢慢于人。爱敬尽于事亲，而德教加于百姓，刑于四海。盖天子之孝也。”

——《天子》

在上不骄，高而不危；制节谨度，满而不溢。高而不危，所以长守贵也。满而不溢，所以长守富也。富贵不离其身，然后能保其社稷，而和其民人。盖诸侯之孝也。

——《诸侯》

子曰：“夫孝，天之经也，地之义也，民之行也。天地之经，而民是则之。则天之明，因地之利，以顺天下。是以其教不肃而成，其政不严而治。”

——《三才》

夫然，故生则亲安之，祭则鬼享之，是以天下和平，灾害不生，祸乱不作。故明王之以孝治天下也如此。

——《孝治》

子曰：“天地之性，人为贵。人之行，莫大于孝。孝莫大于严父，严父莫大于配天，则周公其人也。”

——《圣治》

子曰：“五刑之属三千，而罪莫大于不孝。要君者无上，非圣者无法，非孝者无亲。此大乱之道也。”

——《五刑》

子曰：“教民亲爱，莫善于孝。教民礼顺，莫善于悌。移风易俗，莫善于乐。安上治民，莫善于礼。礼者，敬而已矣。”

——《广要道》

子曰：“生事爱敬，死事哀戚，生民之本尽矣，死生之义备矣，孝子之事亲终矣。”

——《丧亲》

第五堂课 儒家的核心：仁

提　要

1. 为什么儒家思想以仁为核心？
2. 儒家讲的仁爱和基督教的博爱、佛教的慈悲是相同的含义吗？
3. "仁"的人文精神对于当今时代和社会有怎样的意义和价值？

仁的提出

每一个中国人，对仁都不陌生。仁者无敌、仁爱天下、求仁得仁、妙手仁心……这些词语可谓耳熟能详。那么，最早的"仁"是在什么情况下登上历史舞台的呢？

在西周礼乐文化体系中，等级制度把不同的人限定在严格的范围内，人的价值、人的完善、人的理想、人际关系、人与自然的关系等人本主义范畴的思想观念并无太大探讨的空间。但是，孔子却带来了春秋人文主义思潮的兴起，他站在人道主义立场上开始深入地思考礼乐文化的精神实质问题。孔子对于"仁"的思考和推广在中国古代人文历史上产生了不可估量的作用。

"仁"字始见于儒家经典《尚书·周书·金滕》中的"予仁若考"，指好的道德。是孔子首先把仁作为儒家最高的道德规范，提出以仁为核心的一套学说。他主张"克己复礼，天下归仁焉"，一方面试图在原始人道主义基础上，用道德上的自我更新树立人格理想，施惠于人，克制己欲，以达到社会的共荣与安宁；另一方面，则希望用周代分封制，重新明确上下等级秩序，使社会成为有序分层的组织，来抵御战争与掠夺。

孔子在新的社会分层系统尚未明朗时保留了对周社会等级的认同。但他将庶民百姓作为"人"来对待，给他们一定的社会地位，将原始人道混合成了一套理想化的周礼。孔子还超越当时社会的一般思潮，把研究重点放在对“人”的研究上，以仁作为理论探讨的中心，把人从天命神学中解放出来，在中国思想史上首次系统地形成了一套仁学思想体系，为中华文化的人文精神奠定了基础。

孔子以后的儒家思想大抵都依循着人道的思路。他们首先是有感于社会现实中的诸多社会政治问题、人生问题，然后对人的本质、人性等问题给予认真思考，以此确立一套价值系统，再以这一价值系统来反观现实社会和政治，在批判现实的过程中提出自己的政治思想和治国方略。

仁是孔子思想的核心，整部《论语》，“仁”字出现在 58 章中，共 109 次，孔子从不同方面和角度对仁做了全面深入的阐释。仁对于阐释中国传统文化的重要根基——儒学有着至关重要的意义。

既然仁是儒家思想的核心观念、是中国伦理学说的根本，从孔孟到程朱的历代大儒，都把仁作为一种最高的道德准则。因此，仁成为中国古代伦理道德的宗旨和根本，是人们立身处世、为政治国的指南和规范，是中华人文精神的集中体现。在中国古代，仁的内涵非常丰富，范围非常广泛，几乎统摄着一切美好的德性。谢无量在《中国哲学史》中列举了 47 个德目，重要的如诚、敬、恕、忠、孝、爱、知、勇、恭、宽、信、惠、慈、亲、善、温、良、俭、让、中、庸、恒、和、友、顺、礼、齐、庄、肃、悌、刚、毅、贞、谅、质、正、义等，认为这些德目都体现了仁。

当然，仁的基本内涵就是“爱人”。当学生樊迟向孔子请教什么是仁时，孔子回答说：“爱人。”仁是一种发自家庭又超越家庭，延及社会、国家乃至整个人类、自然、宇宙的普遍的爱，仁体现的这种由里及外、由小及大的爱是适合于处理人与人、人与群、人与社会、人与自然等诸多关系的道德准绳。

仁的层次

儒家的“泛爱众”是有等级亲疏之别的。儒家“仁爱”是按照“爱有差等”的原则，先亲爱自己的亲人，再层层由内向外、由近及远一层层地扩展到他人。孔子崇尚周礼，极力主张按照周礼的要求恢复君臣父子的秩序，他反对当时的各种僭越行为，要求人们做到“君君、臣臣、父父、子子”，要求不同的人伦关系体现不同的仁爱。如父对子要严爱，子对父要孝敬；君对臣要讲义，臣对君要尽忠；朋友之间要讲求诚信；等等。主张“谨而信，泛爱众，而亲仁”，最后再上升到对国家“忠”的层面。中国历代多少爱国志士或忧国忧民，或捐躯为国，爱国之情不言而喻。仁爱通过“信”“忠”在维系良好人际关系的同时，也体现了儒家向来看重对他人、社会、国家的强烈责任感和迫切使命感。对个体而言，仁的层次有以下三种：

仁爱是以家庭体系为出发点、体现血缘关系的爱

仁最初是产生在家庭内部的，人之初的情感，是带有血缘关系的情、爱。人生而有家，成长在家，对父母、兄弟自然有爱、有情，体现在父辈与子辈之间的关系为“孝”，

平辈之间的关系为“悌”。这正是孔子所要求的“入则孝，出则悌”。正如孟子所言，虽然“孩提之童无不知爱其亲者”，这是人之天性，但随着年龄的增长，“知好色，则慕少艾；有妻子，则慕妻子”，天然的爱亲之情因人性的脆弱而衰减。

仁爱是以社会体系为关节点、维系人际关系的爱

仁爱起于家庭内部，但并未停滞在家庭私人领域，而是超越了家庭的界限。民间有说法为“二人成仁”。子曰：“四海之内，皆兄弟也。”（《论语·颜渊》）“泛爱众，而亲仁。”（《论语·学而》）孔子讲“泛爱众”，将亲情之爱推广开来，呼唤人与人之间要彼此关怀体谅，要“己所不欲，勿施于人”，“己欲立而立人，己欲达而达人”；强调人们以温、良、恭、俭、让相待。

仁爱是以宇宙体系为终结点、调和物我关系的爱

仁爱起于家庭内部，延伸到社会领域，再进一步推而广之，便把这种爱提升到了对人类、自然、宇宙普遍的爱的高度，纳入了自然宇宙永恒的体系。这正是体现了儒家仁爱的超越性和生命力。儒学在解说《周易》时提出“三才者，天地人”，“三才”指“天、地、人”，即构成宇宙的三大要素：人、社会、自然；三要素要“和”，即主张天人合一。

与之相联系，“仁”字由“人”（人类）和“二”（天、地，即自然宇宙）构成，因此这个字表达的是宇宙以人为目的的人本主义思想。宇宙是人类的家园，自然界不仅先于人类而存在，即所谓“有天地然后有万物，有万物然后有男女”，而且为人类提供了赖以生存的物质条件。人在天地间是渺小的，“吾在于天地之间，犹小石小木之在大山也”（《庄子·秋水》），人生在宇宙中只是一个短短的过程。自然万物紧密联系，相互作用、相互依赖，构成了一个和谐的整体。早在两千多年前，孔子就教导弟子“钓而不纲，弋不射宿”，主张钓鱼而反对网鱼，主张射取在空中飞翔的鸟，而反对射取在树上或地上止息的鸟。

北宋大儒张载有一个影响深远的伦理观点，叫作“民胞物与”。他认为人和万物都是天地所生，性同一源，本无阻隔，主张爱一切人、一切物。“民胞物与”思想对后世思想家影响甚大，曾国藩就将其视为“完人”的两个重要条件之一，他说：“君子之立志也，有民胞物与之量，有内圣外王之业，而后不忝于父母之所生，不愧为天地之完人。”

在《论语》中，仁的展现是全方位的，涵盖内容是多方面的。仁不是高高悬挂在天上的，孔子说：“我欲仁，斯仁至矣。”仁是内涵于人的能力，而且是适用于任何人的原则。它是求仁者所欲求的，是基于对仁的价值自觉和选择仁的自由意志。仁作为价值主体内在的精神状态的反应，是实现理想人格过程中最重要的价值标准和内在动因。它立足于学，也扎根于日常言行，由生活的一点一滴来开显。如“己所不欲，勿施于人”“己欲立而立人，己欲达而达人”“仁者爱人”“观过斯知人”等等。仁的养成，并非一件容易的事，需要长期的修养与锤炼，修己成仁，修己便是道德的涵养与理性的充实。

孔子认为，仁是最根本最重要的道德理想状态，是“天地之大德”，是人心与天道的最终统一。天命内化于人道中，以人性这种形式来实现，消除天命与人世的疏离，仁就是体认天命的真切实在。孔子称赞颜渊“三月不违仁”，那是因为仁是根植在天命与天性之中的，有德行的人生怕自己的行为无意中戕害天命。可见，圣人与普通人的区别就在于体现天命之性的境界高下而已，人人都有成圣成贤的潜能。对天命的肯定是对人自身的肯定，对天命的敬畏就是对人生命的敬畏、对人本身的尊重。这样的敬畏之情，绝非某一力量强加可得，而是来自一颗自由和有道德的心。

仁与礼的关系

若仁是基于对天命内在的自悟与自觉，礼则化为天命的外在发用和制约。若君子不慎被外物所惑，内心的主旨偏离于仁，那么，在行为上也会表现出对礼的违背。礼的典章制度和礼仪礼节，至少能在某种程度上给予仁及时的匡正，将“仁心”扶正。所以说，君子是“礼”行为忠贞的持守者与执行者，重视礼的外在约化与礼内在精神的创造性、灵活性，最明显的是孔子对祭祀的虔诚与慎重。“祭如在，祭神如神在。子曰：‘吾不与祭，如不祭。’”孔子要求在行礼时身心俱在，发挥礼的真正精神，才能体验到神的同在。这样的行为与体验是强迫不来的。真正礼仪的“发生”有一种自发性。“八佾舞于庭”“三家者以《雍》彻”都遭到了孔子严厉的批评。因为这样的行为违反了礼的规定，不仅没有表现出礼的真正精神，相反，使礼受到了侮辱。因此，礼的力量，除非完全受到尊重，否则不可能得到使用。

即使是日常生活的礼仪，孔子也要求有一颗真诚的心，因为礼的仪态和姿势本身就蕴含着道德的意义，否则，便是徒具形式的空架子。礼仪所显发出来的还有道德的完善，那种道德的完善蕴含在自我目标的获得之中，而自我目标的获得，是通过将他人视为具有同样尊严的存在和礼仪活动中自由的合作参与者来实现的。孔子有求学之礼（“入太庙，每事问”）、骑射之礼（“揖让而升，下而饮”）、孝敬之礼（“三年无改于父之道”“色难”）、君臣之礼、乡人之礼、朋友之礼等等。礼并非复杂而冗长的仪式，每一个“礼”的行为，都是“仁”之精神的阐发。对天命的持守，就是礼的践行。

仁是礼之心，礼是仁之行。仁作为礼发挥作用的根本条件，也是人能否真正理解掌握礼乐的自我规范条件。在礼仪之中，精神表现出极大的灵性，顺应天命的嘱咐。仁与礼一起构成了天命落实于人的两个方面。君子遵礼实行的过程，便是在行为中持守天命的过程。君子知天体命，是有意识有目的地守仁践礼，自由而谨慎，始终是“战战兢兢，如临深渊，如履薄冰”。礼是人类的独创，闪耀着人的智慧、文明及美好的理想，在礼中人的行为与心灵达到真、善、美的统一，天命得到无懈可击的表达与开显，流露出神圣与光辉。从某种意义上讲，人道的尊严和价值正是在礼中树立起来的。

仁的内涵

“仁”字写起来虽简单，内涵却有无限深意。仁是如何从人心发端的？又是如何在人的行为中体现的？仁与恕二者的关系是怎样的？我们一一来解读。

仁是从恻隐之心发端的

恻隐之心，仁之端也。

——《孟子》

仁是人与人之间的爱、关怀和体谅，这种情感是人性中本来就存在的，这也是孟子“性善论”的一个基础性依据。“所以谓人皆有不忍人之心者，今人乍见孺子将入于井，皆有怵惕恻隐之心，非所以内交于孺子之父母也，非所以要誉于乡党朋友也，非恶其声而然也。由是观之，无恻隐之心，非人也……”这段话中孟子列举了一个生活场景：一个人见到一个孩子即将掉落井中时，他一定会生起担忧和怜悯之心，并会把孩子救起来，这种反应和行为不是因为他和孩子的父母有交情，也不是因为要在自己的人际圈子里贪图一种美名和赞誉，也不是因为厌恶孩子的哭声才去救他。孟子认为，这就是一个正常人的反应。没有这种恻隐之心，这个人就无法称为“人”。

仁是通过克己复礼实现的

颜渊问仁。子曰：“克己复礼为仁。一日克己复礼，天下归仁焉。为仁由己，而由人乎哉?”颜渊曰：“请问其目。”子曰：“非礼勿视，非礼勿听，非礼勿言，非礼勿动。”颜渊曰：“回虽不敏，请事斯语矣!”

——《论语·颜渊》

尽管孟子认为人性本善，却同时也承认人性中“私欲”“私利”对人强大的影响和负面作用。正因如此，人才需要不断地自省、不断地明明德、不断地修身养性、不断地养心和养气。孟子说完人都有“仁义礼智”四种发端之后，紧接着又说：“凡有四端于我者，知皆扩而充之矣，若火之始然，泉之始达。苟能充之，足以保四海；苟不充之，不足以事父母。”意思是人有“仁义礼智”这四种发端，就像有四肢一样。凡是有这四种发端的人，知道都要扩大充实它们，就像火刚刚开始燃烧，泉水刚刚开始流淌。如果能够扩充它们，便足以安定天下，如果不能扩充它们，就连赡养父母都成问题。因此，如果没有后天的教化、培养和不断省察，人的欲望就会慢慢膨胀，从而逐渐丧失仁的根本。

仁与恕是统一的整体

子贡问曰：“有一言而可以终身行之者乎?”子曰：“其‘恕’乎！己所不欲，勿施于人。”

——《论语·卫灵公》

这句话的意思是，子贡问：“有没有一个字可以终身奉行呢?”孔子说：“大概就是‘恕’吧？意思是自己不喜欢的东西，不要强加给别人。”与亲亲、仁民、爱物相比，“恕”其实是仁的另一个维度，想要做到这个维度，也是非常不容易的。“恕”，从字面来看，是“如心”，也就是“如自己的心”。每个人通过对自己的“心”的观察，明白自己不喜欢什么，也可以知道别人不喜欢什么，因而不愿意将这些人人不喜欢的事情强加到别人身上，这就是“恕”。

更深一层来讲，孔子讲求仁爱，强调宽容。宽容的前提是对他人有发自内心的爱和体谅，要为别人考虑，多站在别人的角度上思考问题。生活中，我们对于自己的亲人、朋友和亲近的人，比较容易生起一种奉献和不求回报的心，但是对于伤害或得罪我们的人，经常会很不理性地产生怨恼甚至憎恨的心，有时候这种负面情绪会跟随一个人很久而无法释怀。孔子说："爱之欲其生，恶之欲其死；既欲其生，又欲其死，是惑也。"喜爱一个人的时候，希望他活得很好；讨厌的时候，希望他死，既要他生，又要他死，这就是迷惑啊！

宽容是仁爱的题中应有之义。有一句话说得好："一个人，要很强大才能道歉，但是，要更强大，才能原谅。"原谅和宽恕，表面上看是对别人的放过、放下和仁爱，其实更是对自己的仁爱，因为一个被仇恨填满的人，自己一定也是非常辛苦和郁闷的。从这个意义上说，儒家的仁爱，必然包含"恕"。

仁爱与慈悲、博爱

儒家讲"仁爱"，佛教讲"慈悲"，基督教讲"博爱"，三者有一致也有差异，我们不妨做一比较。

《论语·乡党》记载，孔子的马棚失火，孔子只问是否伤人，这里的人应该是养马的奴隶。孔子关心养马人的安危，说明他的"仁"具有广泛性，具有一种可贵的人道主义精神，也彰显出孔子宽厚伟大的人文品格。

"仁"并不是儒家独有的概念，儒、道、佛都使用"仁"这一表达，在仁即爱这一点上所见略同。道家庄子有"至仁无亲"，意思是真正具有仁德之心的人不偏爱自己的家人、亲人，他爱一切人，对人类有着普遍的爱。主张出世的佛教在其进入中国文化后不久就把仁纳入自己的体系，提出转轮圣王的仁王之治，充满着对芸芸众生普遍的善意和慈爱。

当然，佛教的慈悲并不等同于儒家的仁爱。"慈悲"心是没有被任何邪念污染的清净心、仁爱心和怜悯心，是人人皆有的本来之心，所以人人皆有成佛的可能。佛教还把"慈悲"之心扩展到"四无量心"，即以慈无量心给予众生安乐，以悲无量心解除众生痛苦，以喜无量心观想众生幸福而欢喜，以舍无量心舍去自己的一切献给众生，即把慈悲喜舍之善心尽量发挥出来。

儒家的仁爱也不同于基督教的博爱。在西方传统文化中，耶稣基督也要求人要有爱心、要博爱。基督教以博爱人类为教旨，宣称超越国界、民族、信仰，能爱世间所有的人，宣扬普救主义，也因此有一种要求人人都接受它的倾向。实际上一个人对待自己和别人一视同仁是不可能的，历史上基督教在传播过程中也并非如此。另外，比起儒家，基督教的博爱只以信仰为依据，爱的力量源自上帝的仁慈，不像儒家的仁爱是建立在现实、入世、生活化的基础上的。基督教的博爱除了"爱上帝""爱人如己"之外，还有所谓"爱仇敌"的说教，佛教提出的则是"仁者无敌"。

另之，儒家之仁体现出的爱并非佛道之爱，亦非神爱，而是仁爱、人爱，是符合人性发展的爱，即由家庭至社会、国家、人类、自然、宇宙的普遍之爱。

孟子的仁政

孟子与孔子一样，也曾经带弟子周游列国，他主要是为了向诸侯推广他的仁政理想。孔子要求统治者“节用而爱人，使民以时”（《论语·学而》），意思是国君要节用而爱养人民，不要无穷无尽地使用民力，要使老百姓有休养生息的时间。《礼记·哀公问》中说：“古之为政，爱人为大。不能爱人，不能有其身。不能有其身，不能安土。不能安土，不能乐天。不能乐天，不能成其身。”所谓“成身”，孔颖达疏为：“言成身之道，不过误其事。但万事得中，不有过误，则诸行并善，是所以成身也。”

孟子在孔子“仁说”的基础上，提出著名的“仁政说”，要求把仁的学说落实到具体的政治治理中，实行王道，反对霸道，使政治清平、人民安居乐业。“民，神之主也。”仁政就是在行使权力的时候将义放在利前。孟子主张实施仁政，以德治国，反对发动战争和靠武力征服别国来进行强权统治，他说：“以力假仁者霸，霸必有大国；以德行仁者王，王不待大。汤以七十里，文王以百里。以力服人者，非心服也，力不赡也；以德服人者，中心悦而诚服也，如七十予之服孔子也。”孟子将君王看作“为民父母”，即“仁民”的圣人。

孟子提出一些切乎实际的主张，重点在改善民生、加强教化。其首要是“制民之产”，要求做到“五亩之宅，树之以桑，五十者可以衣帛矣。鸡豚狗彘之畜，无失其时，七十者可以食肉矣。百亩之田，勿夺其时，数口之家可以无饥矣。谨庠序之教，申之以孝悌之义，颁白者不负戴于道路矣。七十者衣帛食肉，黎民不饥不寒，然而不王者，未之有也”。把仁政说与王道政治联系起来。认为人皆有仁爱之同情心，即不忍人之心，主张“以不忍人之心，行不忍人之政，治天下可运之掌上”。行仁政，天下可得到治理；不行仁政，则天下难以治理。孟子认为，即使是百里小国，只要行仁政，天下百姓也会归之而王。他对梁惠王说：“地方百里而可以王。王如施仁政于民，省刑罚，薄税敛，深耕易耨，壮者以暇日修其孝悌忠信，入以事其父兄，出以事其长上，可使制梃以挞秦、楚之坚甲利兵矣。”行仁政须落实到“省刑罚，薄税敛”，发展农业生产等要事上来，只有这样，才能巩固国家政治经济生活的基础，在此基础上，修德行教，使仁爱之心推而广之，即使是坚甲利兵也能战而胜之。他强调以仁政统一天下，进而治理天下，提倡以德服人的“王道”政治，反对以力服人的“霸道”政治，批评暴力、反对战争。这是儒家仁政理论的基本出发点。

从政治治理的实践和人生存发展的实际需要出发，儒家重视民生，主张满足人们求生存的基本物质欲求，并提倡富民思想，强调先富后教，使民从善，然后政权得以稳固。孟子说：“无恒产而有恒心者，惟士为能。若民，则无恒产，因无恒心。苟无恒心，放辟邪侈，无不为已。乃陷于罪，然后从而刑之，是罔民也。焉有仁人在位罔民而可为也？是故明君制民之产，必使仰足以事父母，俯足以畜妻子，乐岁终身饱，凶年免于死亡。然后驱而之善，故民之从之也轻。”这段话清晰表明孟子的主张：民生是治国之本，民以食为天，衣食足，有恒产才有恒心，满足了百姓的衣食需求，国家才能稳固并得到治理。

儒家从重视民生出发，提倡富民思想。儒家经典《周礼》提出“保息养民”的六项措施，即“一曰慈幼，二曰养老，三曰振穷，四曰恤贫，五曰宽疾，六曰安富”。富而安之，体现了儒家早期的富民思想。孔子提出富而教之的思想：“子适卫，冉有仆。子曰：‘庶矣哉！’冉有曰：‘既庶矣，又何加焉？’曰：‘富之。’曰：‘既富矣，又何加焉？’曰：‘教之。’”意思是：使众多的人民生活得到满足而富裕，然后施之以教，使人民有道德。把富民作为施教的前提和基础，可见孔子对富民的重视。孔子还把富民与利民、满足人民的物质生活需求联系起来。他说：“因民之所利而利之。”强调利民、富民、保民、爱民，体察和顺应民心的向背，这是儒家富民思想的特征。孟子曾反问，物质财富得到很大的丰富和满足，百姓还有不仁的吗？他说：“圣人治天下，使有菽粟如水火。菽粟如水火，而民焉有不仁者乎？”满足了百姓的生活需求，使之富足，就会使民众达到仁的境界，从而国安。民穷则争，争则起暴乱，国难以治。可见民富才能国安，使老百姓安居乐业。民富而国富，是儒家政治思想的基本点。

由此，孟子提出了一个超越同时代人的口号：“民为贵，社稷次之，君为轻。”这个口号一经提出，便使社会震动，响彻了两千多年，成为批判君主专制的有力武器。这个“民贵君轻”的说法，在先秦诸子之中是极为罕见的，它肯定民众是国家的主体，对于当时君权至上的制度具有很大的冲击力。

仁对当今时代的意义

仁的思想对于我们今天所提倡的经济发展的同时要注重环境保护和可持续发展有很大的启发性意义。当今世界局部地区还存在此起彼伏的战争状态，而“礼之用，和为贵”，则倡导对整个人类、自然、宇宙怀有普遍之爱，即倡导一种仁爱的最高境界和智慧的处世哲学。

哪里有仁爱哪里就有美好的生活，人类文明的进步实有赖于此。仁爱表现于日常生活与人际关系之中便是“和”。在家庭，便是“家和万事兴”；在社会，便是“政通人和”；在世界，便是“协和万邦”；在自然，便是“天人一体”；在文明，便是“和而不同”。“和”指向和平、和谐、互助、合作、团结、协调、公正、有序，它们都需要爱心来支撑。没有仁爱便没有真正的和谐，即使相关方不发生冲突，也不过是功利性的力量均衡，是不会持久的。

今天的世界，一方面经济全球化和“地球村”要求普遍伦理，另一方面物质功利主义和社会达尔文主义横行天下，因而族群冲突时有发生，社会危机、道德危机、生态危机亟待解决。

时代在呼唤新人文主义，而孔子仁学中的博爱精神与协调智慧，可以创造性地阐释并充实新人文主义的内涵，发挥引导世界潮流的重要作用。就让仁的理念在世界上流布，使更多的人焕发爱心以抑制恶欲。人们只有学会互爱交利、和谐共赢，世界和平才有希望。中华民族正在和平崛起，民族的伟大复兴必然伴随着文化的复兴，作为中华文化主干的儒家文化将在民族文化复兴舞台上扮演主要角色，这是毋庸置疑的。

链接阅读：《论语》中关于“仁”的语句

《论语》中“仁”的出现频率非常之高，含义也很广，主要有以下三类：一是师生对“仁”进行讨论的记录（共12篇）。二是孔子单独谈论“仁”的记录（共25篇）。三是孔子对仁人的评价及弟子对“仁”的理解（共19篇）。以下为部分相关篇章，供大家理解和比较。

子曰：“刚、毅、木、讷，近仁。”

——《子路》

子曰：“苟志于仁矣，无恶也。”

——《里仁》

司马牛问仁。子曰：“仁者，其言也讱。”曰：“其言也讱，斯谓之仁已乎？”子曰：“为之难言之得无讱乎？”

——《颜渊》

子张问仁于孔子。孔子曰：“能行五者于天下，为仁矣。”“请问之。”曰：“恭，宽，信，敏，惠。恭则不侮，宽则得众，信则人任焉，敏则有功，惠则足以使人。”

——《阳货》

子曰：“巧言令色，鲜矣仁。”

——《学而》

子曰：“志于道，据于德，依于仁，游于艺。”

——《述而》

子贡问为仁。子曰：“工欲善其事，必先利其器。居是邦也，事其大夫之贤者，友其士之仁者。”

——《卫灵公》

子曰：“知者不惑，仁者不忧，勇者不惧。”

——《子罕》

颜渊问仁。子曰：“克己复礼为仁。一日克己复礼，天下归仁焉。为人由己，而由人乎哉？”颜渊曰：“请问其目。”子曰：“非礼勿视，非礼勿听，非礼勿言，非礼勿动。”

——《颜渊》

子曰：“志士仁人，无求生以害仁，有杀身以成仁。”

——《卫灵公》

子曰：“里仁为美，择不处仁，焉得知？”

——《里仁》

君子无终食之间违仁，造次必于是，颠沛必于是。

——《里仁》

夫仁者，己欲立而立人，己欲达而达人。能近取譬，可谓仁之方也已。

——《雍也》

仁远乎哉？我欲仁，斯仁至矣！

——《述而》

樊迟问仁。子曰："居处恭，执事敬，与人忠；虽之夷狄，不可弃也。"

——《子路》

当仁，不让于师。

——《卫灵公》

第六堂课 义与孟子

提　要

1. 如何理解“仁，人心也；义，人路也”这句话？
2. 义和利从根本上讲是一对矛盾？
3. 孟子是一个怎样的人？

舍生取义

在中国民间，关羽的形象可谓深入人心，很多人称其为“武圣”和“义帝”。那么，何谓“义”？繁体字写法为“義”，最早是会意字，从“我”，从“羊”。“我”是兵器，又表示仪仗；“羊”表示祭祀品。所以“义”的本义为正义、我的威仪，也解释为合宜的道德、行为或道理。简言之，义者，宜也，就是该做的事。

与“义”相对的概念通常是“利”，“义利之辨”最早由孔子提出，也是孟子关注的一个重点论题，在中国传统思想观念中占据十分重要的位置。从孔子的“不义而富且贵，于我如浮云”，到孟子的义利之辨，再到管仲的义利观，对比之下不难发现中国儒家文化倡导的是价值理性而非工具理性。

张岱年在《中国哲学史大纲》中分别对“利”和“义”做了解析：“所谓利，即是能维持或增进人之生活者，亦能满足人之生活需要者。然则利有公利与私利的区别。”儒家在对待利的态度上并不是全盘否定，只是反对个体唯利是图，并不反对公利。而“义”即当然，亦即行为的制裁。

对于义的标准问题，张岱年给出了两种对立的说法：一个是墨家的观点，认为只要是有利于大多数人的就是合标准的，是应当的；一个是儒家的观点，认为义与不义就在于人是否表现或发挥出人之所以为人者的行为。以上概念界定大体能体现儒家的义利观，但是孔子和孟子对该问题的认识却同中存异。

首先，“义”作为一个道德伦理范畴，受到孔子和孟子的一致认同，两位圣人都十分重视“义”的价值取向。孔子将“义”作为分辨君子的一个重要因素，“君子义以为质”（《论语·卫灵公》）、“君子义以为上”（《论语·阳货》），这里孔子将义作为君子的生命本质，将义推至最高尚的地位，可知义在整个儒家道德伦理范畴中的至高地位。

同样，孟子也崇尚义，并将义作为一切行为活动的准绳。他不迂腐、不教条，认为“信”和“果”都必须以“义”为最高准则。《孟子·离娄下》有曰：“大人者，言不必信，行不必果，惟义所在。”他认为当“信”与“义”发生冲突的时候，要以义为准。一切与义相违背的思想、行为都是应该抛弃的，哪怕是人最为宝贵的生命也不及义的地位。“生，亦我所欲也，义，亦我所欲也；二者不可得兼，舍生而取义者也。”（《孟子·告子上》）如孟子所说的“富贵不能淫，贫贱不能移，威武不能屈”（《孟子·滕文公下》），将富贵荣辱生死皆置之度外，君子的所行所为已不被肉身束缚，这是一种对自己的超越、一种极致的自由。天命已深深根植于人心，成为圣者、贤者、君子践履行为的本身，已由一时善行流露的偶然，成为根本价值观的必然。

当然，孔孟对义的认识也有所不同，孔子从道义出发，更加强调对君子的道德要求，关心人们的行为是否合“义”，以义作为行为正当性的唯一标准。而孟子继承了孔子的重义思想后，又提出自己的新解，将仁义并举，从外在的道德规范回归到人的本心和本性上。我们知道孔孟思想对义的推崇是从一个道德的极高点出发的，是对社会道德的理想愿望，而其愿望之下最根本的目的是引导人们走上德化天下的美好世界，这不仅是春秋战国时代的众愿，也是当下社会大众对道德的呼唤。

其次，“利”在孔孟思想中并不是处于被全盘否定的角色的。当时的社会状况与今日颇有相似之处，社会对道德的忽视使先哲们看到了其中隐藏的危机，故而侧重强调社会的道德提升，以解决社会中亟待解决的危机问题。但我们不能忽视孔孟思想中蕴含的经济思想，无论是孔子还是孟子都对利给予重视。孔子并非不言利，有言：“富而可求也，虽执鞭之士，吾亦为之。如不可求，从吾所好。”孔子毫不讳言自己的求利需要，他认为任何人都可以追求富贵，人们都需要有物质作为基础，利是人生存生活和社会发展过程中的保障。相比较而言，孟子比孔子更加重视人的物质生活，在《孟子·梁惠王上》中，孟子多次表达了自己对物质生产的关心，“若民，则无恒产，因无恒心。苟无恒心，放辟邪侈，无不为已”，他认为人没有物质保障就难以进行更高层次的活动，因此孟子看待问题更讲求实际接地气。

最后，在“利”和“义”的选择问题上，孔子与孟子都将“义”放在首位。孔子认为，“君子喻于义，小人喻于利”“君子之于天下也，无适也，无莫也，义之与比”“放于利而行，多怨”。在处理利与义的关系时，应该“见利思义”“见得思义”，这说明孔子并不反对求利，只要在求利的同时能够怀义于心，追求更多的利益当是值得提倡之事。

“非礼之礼，非义之义，大人弗为。”“居仁由义，大人之事备矣。”孟子认为一切行为都要遵从义的标准，所有不合义、违背义的思想与行为都应舍弃。只有在遵循义之要求的前提下，才有可能真正获得最大的物质利益。在《孟子》一书中，孟子解释道，如果一个国家的君王、卿大夫、士和庶人都把利放在义的前面，相互争夺的危险局面就在所难免，“上下交征利，而国危矣”，“苟为后义而先利，不夺不餍。未有仁而遗其亲者也，未有义而后其君者也。王亦曰仁义而已矣，何必曰利?”可见，孟子一直要阐述的是不可弃义并只顾追求眼前的、局部的利益，而要讲求仁义，以获得长远、根本的利益。

孟子曾经评价“春秋无义战”，就是说春秋时代没有正义的战争。这句话既表达了孟子的历史观，也是其政治观的体现。原因在于，儒家认为“礼乐征伐自天子出”，这才是合乎义的，而春秋时代则是“礼崩乐坏”，“礼乐征伐自诸侯出”，所以没有合乎义的战争。

当今世界，面临多方面的威胁，人类的生存危机、精神危机是其中之一。坦桑尼亚前总统姆卡帕说，当今世界是“处处争端，人人为己，颂赞自我主义，只顾经济利益而违背道德准则的世界”，“利己主义和贪欲仍在不断地加重人民之间、国家之间的不平等，长此以往便会引发世界各地的冲突”。香港中文大学校长沈祖尧曾说：“这是一个个人主义抬头的时代。这是一个利益在前、道德在后的时代。”在精神与物质、个体与群体这两个根本问题上，现在个人第一、物质利益至上的价值观流行于世界。正如孟子所说，“上下交征利则国危矣”。而中华文化所倡导的崇德乐群的价值观，“蕴含着可以解决我们社会上的弊病的良方”，无论对于中国还是世界，都具有重要意义。明白了做一件事的意义，人才不再纠结。鲁迅先生曾说，中华民族历史上，从来不缺乏为民请命、为国赴死、舍生取义的人，这些人正是从民族文化积淀中孕育出来的，中国的民族精神本身就是流淌在我们每个人血液中的文化基因，曾经我们冷落它，如今要用我们自己的方式把它唤醒，重新找回来，这也是从国家层面的倡导和共识。

义与耻感文化

义，是帮助人在犹疑和纠结时做出选择的一个依据。“取义”是引导人做什么，“知耻”则是告诫人不做什么，因此，义和耻其实是内在关联的一组概念。知义则有所为，知耻则有所不为。

耻感是人在外界事物刺激下内心产生的羞耻感受。中国古人将这种心理感受加以发掘、升华，形成耻感文化，用以影响和制约人们的行为。《管子·牧民》中说道：礼义廉耻，国之四维；四维不张，国乃灭亡。顾炎武曾在《廉耻》中引申说道：“然而四者之中，耻尤为要。故夫子之论士，曰：‘行己有耻。’孟子曰：‘人不可以无耻。无耻之耻，无耻矣。’”

顾炎武之所以认为耻比廉更为重要，是因为清廉比知耻要容易得多。如果说廉洁是用来立身的，知耻则是用来立德的。廉洁可以从现象上矫正，知耻却来源于人隐秘的内心世界。人知耻而有所不为，是道德修养的第一步，再进一步，就是在立身行事时做到改过迁善、见贤思齐，最终达到“至善”的崇高境界，这是无数先贤所追求的道德修养模式。儒家关于改过迁善、见贤思齐的论述很多。如“见善如不及，见不善如探汤”（《论语·季氏》），意即看见善的言行应该想着自己怎样达到，看到不善的言行应该赶快避开。孔子所说的“见贤思齐焉，见不贤而内自省也”（《论语·里仁》）、“三人行，必有我师焉。择其善者而从之，其不善者而改之”（《论语・述而》）等，都已成为亘古不变的至理名言。孟子曰：“子路，人告之以有过，则喜。禹，闻善言，则拜。大舜有大焉，善与人同，舍己从人，乐取于人以为善。”（《孟子・公孙丑上》）孟子在这里谈的也是立足于耻感文化而形成的改过迁善、见贤思齐的道德修养模式。

当前，深刻认识和弘扬中国传统耻感文化的积极因素，对于个体和社会都具有重要意义。

儒道法墨四家的义利观

墨家代表了下层手工劳动者的愿望和利益，对人的基本利益持充分肯定的态度。在他们看来，义与利之间有内在的联系，不能截然分割，人与人之间的道德关系和利益关系应当是平等交互的，要相互仁爱、互利互惠。墨家反对私利，也不主张单向的利人，而提倡把利己同利国、利公、利人有机结合起来。这种互利思想至今仍有积极意义，因为公私之间、人我之间只有相济相顾、互利互惠，才能保证群体生活的良性运作，即所谓兼相爱，交相利。

儒家重视用伦理道德统摄、主导经济利益，主张合义之利则取之，悖义之利则舍之。在儒家看来，以利害义、见利忘义是道德人格的毁灭。在义利之间发生矛盾、鱼与熊掌不可兼得时，就要为义而舍利，牺牲利益乃至生命。这种“义以为上”“义然后取”“以义制利”的义利观，已超出了经济学意义上的利益关系范畴，是从社会伦理学意义上来看待利益关系，注重的是社会稳定、群体和谐、人伦秩序及人格境界。应当说，任何时代的经济运作，都需要人文思想和人文规则的规范、制约和引导。人不能把对物欲的追求作为终极目标。从个人的物质生活到群体的经济交往，都需要自我道德的调适机制。儒家以义制利的思想，就是用社会道德来规范、制约和引导人与人之间的利益关系，从而稳定社会秩序和完善人的精神生活。

法家不重“义”而重“利”，推行以法治利的管理方式。法家讲的“利”主要是政治功利及附丽于政治体制的经济实利，认为只有发展经济，才能国强民富、天下太平。而要达到国强民富的目的，就必须“明法审令”，实行法制，以法为师、以法为本、以法为教。法家主张以法令规定经济关系中的主体责任和权利义务，并通过法令的强制性调控来实现物质利益的分配。所谓“劝之以赏赐，纠之以刑罚”（《国语・齐语》），就是以物质刺激的办法鼓励人们耕战立功，用刑事惩罚的手段处理各种犯罪活动。这无疑体现了人类早期经济管理活动中的法治思想。

道家的思想更多地体现了隐逸者的心态，以自然无为、清静自正的思想和行为为根本宗旨，漠视甚至鄙视世俗功利，主张放弃名利，远离物欲，在小国寡民的原始状态中逍遥自在、淳朴自然地生活。从这种理想境界出发，道家反对贵货敛财、奢侈享乐，也反对抽象的仁义说教。可见，道家既不要空泛的“义”，也不要不符合大道的“利”。道家的义利观实质是一种超越世俗、超越功利的义利观。从长期效应看，道家的这种超越义利观确有独到之处，它包含了深刻的人类学和生态学内涵。人的消费欲望是没有止境的，欲望造成了人心的焦虑、躁动和愤懑；更何况，“积极”地征服自然，带来的结果是资源的锐减和生态的破坏。现实的问题迫使人们重新审视“自然无为”的深奥之义。

显然，墨、法两家侧重于物质层面，可以称为事功型价值观；而儒、道两家侧重精神层面，可以称为弘道型价值观。事功型价值观有利于生发经济自身的潜能与活力，弘道型价值观则有利于克服经济运行过程中出现的种种偏颇和弊端。四家的价值观，分则各有偏颇，合则增益互补。正如地球需要多样生物群种才能达到生态平衡一样，社会可持续的发展，需要多基因和多智慧的文化品种的互动和渗透。而多元的思想、对立的思想，可以在整体结构中矛盾而兼容、斗争而发展、制约而平衡，在“生克制化”的运演中拨正整体价值的航向。

孟子

舍生取义是孟子的标志性言论，孟子生活在公元前 372 年—公元前 289 年，名轲，或字子舆；汉族，今山东邹城人。

他是孔子之孙孔伋的再传弟子。相传他是鲁国姬姓贵族公子庆父的后裔，父名激，母仉（zhǎng）氏。孟子是战国时期伟大的思想家、教育家，儒家学派的代表人物，被称为“亚圣”，与孔子并称“孔孟”。孟子曾游历于齐、宋、滕、魏、鲁诸国，效法孔子推行自己的政治主张，前后历时二十多年。但孟子的仁政学说被认为是“迂远而阔于事情”，没有得到实行。最后他退居讲坛，和他的学生一起，“序诗书，述仲尼之意，作孟子七篇”。

孟子最突出的贡献之一是确立了中国士人的独立性格，提升了士人的精神境界，为中国知识分子立身处世建立了一种较高的标准。在人性方面，孟子主张性善论，他认为人生来就具备仁、义、礼、智四种品德，就是“四心”。“恻隐之心，人皆有之；羞恶之心，人皆有之；恭敬之心，人皆有之；是非之心，人皆有之。恻隐之心，仁也；羞恶之心，义也；恭敬之心，礼也；是非之心，智也。仁义礼智，非由外铄我也，我固有之也，弗思耳矣。”人可以通过内省去保持和扩充“四心”，否则将会丧失这些善的品质，因而他要求人们重视内省的作用。

孟子的文章气势恢宏、洋洋洒洒，世人皆知孟子好辩，那么，孟子究竟为什么好辩呢？

弟子公都子曾问孟子：别人都说老师喜欢辩论，请问这是为什么呢？孟子无奈地回答说：“予岂好辩哉？予不得已也。”（《孟子·滕文公下》）意思是：我难道喜欢辩论吗？我是不得已而辩论的啊！孟子所处的时代，不仅社会秩序日渐混乱，人们在思想上也陷入空前的混乱之中，各种学说之间辩论激烈，孟子不得不养成“好辩”的习惯。

> 世衰道微，邪说暴行有作，臣弑其君者有之，子弑其父者有之……圣王不作，诸侯放恣，处士横议，杨朱、墨翟之言盈天下。
>
> ——《孟子·滕文公下》

这段话的意思是，时世衰落，道义微茫，荒谬的学说、暴虐的行为纷纷出现，有臣子杀害君主的，有儿子杀害父亲的……从此，圣王没有出现过，诸侯横行恣肆，一般的读书人也乱发议论，杨朱、墨翟的学说充斥天下。

在天下大乱的情况下，孟子决心以继承大禹、周公、孔子三位圣人的事业为己任，担当起平治天下的历史重任。

我们知道杜甫一直是爱国诗人的杰出代表，他曾写下“致君尧舜上，再使风俗淳”的诗句，但寄托的却是遇到明君、辅佐明君的希望，这种希望有的时候是很虚无缥缈的，因为君王的德行和能力都是具有偶然性的。孟子虽然也具有非常强的责任感和使命感，他曾说出“如欲平治天下，当今之世，舍我其谁也?”这样看似有点狂妄的话语，但是他并非是一个被动依赖君王和无条件服从君王的人。他认为君臣关系完全是相对的，他说“君之视臣如手足，则臣视君如腹心；君之视臣如犬马，则臣视君如国人；君之视臣如土芥，则臣视君如寇雠。”士可以为明君而死，但不必为昏君而死，暴虐之君可以被废除诛讨。又说“士穷不失义、达不离道”，所以他不赞成愚忠。他认为明君必须“贵德而尊士”，“故将大有为之君，必有所不召之臣”。这样，孟子就大大提高了士君子的社会地位。

孟子刻画了有社会责任心的知识分子的气象，此即：“得志，与民由之；不得志，独行其道。富贵不能淫，贫贱不能移，威武不能屈，此之谓大丈夫。”大丈夫的气度是何等的雄伟宏大，富贵、贫贱、威武这三样东西都不能改变一个人的气节，在生死考验面前能“舍生而取义”，最后成全自己完美的人格。在中国历史上，为了社会进步事业而“成仁”“取义”的志士仁人是很多的，他们的思想多少都受到孟子的影响。

孟子的存心与养心

人心难以驾驭和控制，针对“人心惟危，道心惟微”，孟子还提出了“存心”“养心”的著名说法。“存”是保存，有意识地把握、不使丢失。“存心”指有意识地保存自己的良心，不使之被人事淹没。日常生活中，我们的心灵经常是麻木的。我们学会了太多的做人技巧和法术，遇到问题首先想到的是应用这些技巧。但是这些技巧不能让我们在利益的诱惑面前气势如虹、在面对关键的考验时义无反顾，做人的法术不能给予我们的人格力量、生命底气。因此，“存心”的“存”不能理解为封存，而是指有意识地保护和保存良心，别让它迷失。有时候，我们只有在夜深人静、独自静坐的时候，才会实实在在地感觉到自己“心”的存在。但是一回到现实，我们的“本心”立即消失得无踪无影。所以，后世的王阳明延续孟子的思路，提出“致良知”，要求人们时时体会自己心的存在，感受良心的呼唤，聆听良知的声音。

“存心”之外，孟子还提出了“养心”。所谓“养心”，是说人的习惯是多年养成的，不可能一下子戒除所有毛病，需要日积月累地调整，逐渐把多年养成的坏习惯消除。因此，人心本身也需要“养”，我们要学习把自己的心当作一棵树、一株盆景来养育。孟子说：“养心莫善于寡欲。”通过减少不健康的欲望，可以达到涵养心灵的作用。如果把我们的心比作一株植物的话，那么也可以说，清除贪心和私欲，保持净心，发展自己性格中善良的一面，就好比是在给自己的心浇水、施肥，保证心的健全生长。孟子还强调，“养心”

一定要专心致志、持之以恒，不能“一曝十寒”。“专心致志”和“一曝十寒”这两个今天无人不晓的成语，就是孟子针对养心提出的。虽然孟子所提出的“存心”和“养心”，都是针对“心”而发，但含义略有不同。“存心”是就具体的心理活动而言，强调抓住良心不放；“养心”则强调培养健全的心灵需要时间和耐性，不可能一蹴而就。“存心”从短期行为着眼，“养心”从长远效果着眼；“存心”需要毅力和决心，“养心”需要细心和体验。故宫里有一个“养心殿”，就是帝王养心的地方。可见孟子的养心思想在中国传统文化中的分量。

但是，“存心”和“养心”的最终目标是相同的，那就是培育健全的人格，用孟子的话说就是“养其性”。“性”这个字从词源上看由“生”与“心”两部分构成，在先秦典籍中常常就是“生命”的意思。加上一个“心”，意在强调它是一个身心交融的生命整体。因而“性”字有两层衍生义：从行为方式上看它表现为人的性格，从本质上看它体现了人的本性。“养性”，就是要把自己的生命作为一个身心交融的整体来培育，通过“存心”“养心”给生命的幼苗阳光、雨露和营养，使之健康、茁壮地成长。孟子说：“存其心，养其性，所以事天也。”意思是，用心做人，凭良心做事，养育身心，涵养性情，才是对老天最好的交代。这个过程被后世儒者简称为“存养”。孟子并没有把“天”当成“上帝”来崇拜，但他认为“天”是我们一切良好禀赋的源头，并使人成为万物之灵。孟子还指出，人高贵于禽兽的地方不在于别的，就在于人有良知、良心。为什么我们在做了坏事以后心中会感到不安呢？为什么有时会对他人有愧疚之感呢？这种自然产生的感觉，如果说是人的一种本性的话，那么也可以说是老天赋予人的天性。从这个角度说，如果我们不好好把握自己的良心、良知，就对不起老天了，也就是不能“事天”。孟子并不是要人们去盲目崇拜天，而是强调学会尊重自己的天性。

阅读链接：《孟子》语录

说大人则藐之，勿视其巍巍然。

——《尽心下》

人知之，亦嚣嚣；人不知，亦嚣嚣。

——《尽心上》

公都子问曰：“均是人也，或为大人，或为小人，何也？”孟子曰：“从其大体为大人，从其小体为小人。”

——《告子上》

万物皆备于我矣。反身而诚，乐莫大焉。强恕而行，求仁莫近焉。

——《尽心上》

大人者，言不必信，行不必果，惟义所在。

——《离娄下》

孩提之童无不知爱其亲者，及其长也，无不知敬其兄也。亲亲，仁也；敬长，义也；无他，达之天下也。

——《尽心上》

恻隐之心，人皆有之；羞恶之心，人皆有之；恭敬之心，人皆有之；是非之心，人皆有之。

——《告子上》

尽其心者，知其性也。知其性，则知天矣。存其心，养其性，所以事天也。殀寿不贰，修身以俟之，所以立命也。

——《尽心上》

养心莫善于寡欲。其为人也寡欲，虽有不存焉者，寡矣；其为人也多欲，虽有存焉者，寡矣。

——《尽心下》

居天下之广居，立天下之正位，行天下之大道；得志，与民由之；不得志，独行其道。富贵不能淫，贫贱不能移，威武不能屈，此之谓大丈夫。

——《滕文公下》

忧民之忧者，民亦忧其忧。

——《梁惠王下》

权，然后知轻重；度，然后知长短。

——《梁惠王上》

虽有天下易生之物，一日暴之，十日寒之，未有能生者也。

——《告子上》

君子之守，修其身而天下平。

——《尽心下》

君仁，莫不仁；君义，莫不义；君正，莫不正。

——《离娄上》

第七堂课　礼乐之道

提　要

1. 如何理解中国古代“礼乐文化”的精神内涵？
2. 礼乐在当今社会有什么价值和意义？

中国古代推崇礼治，靠礼乐制度治理国家，用礼仪和艺术熏陶百姓。礼乐起源于夏商，到周公制礼作乐形成了体系。然而，“礼仪之邦”的中国，却经历了礼乐发展的复杂历程。

孔子为什么提出恢复周礼

> 子曰：禘，自既灌而往者，吾不欲观之矣。
>
> ——《论语·八佾》
>
> 林放问礼之本。子曰：大哉问！礼，与其奢也，宁俭；丧，与其易也，宁戚。
>
> ——《论语·八佾》
>
> 孔子谓季氏：八佾舞于庭，是可忍也，孰不可忍也？
>
> ——《论语·八佾》

春秋末年，礼已经走向衰微，禘，原本是只有天子才有资格举行的祭祀先祖的典礼，灌，是禘礼中的第一次献酒仪式。孔子说：“对于行禘礼的仪式，从第一次献酒以后，我就不愿意看了。”有人问孔子关于举行禘祭的规定，孔子无奈地说：“我不知道。”当时在鲁国的禘祭活动中，存在着名不副实的现象，这让孔子很不舒服，却无能加以改变。正因如此，孔子感叹林放居然还能够来问礼的根本，他才说：“大哉问！”就是表扬林放问了一个好问题。

佾是奏乐舞蹈的行列，也是表示社会地位的乐舞等级、规格。一佾指一列八人，八佾指八列六十四人。按周礼规定，只有天子才能用八佾，诸侯用六佾，卿大夫用四佾，士用二佾。季氏是正卿，只能用四佾，他却用八佾。孔子对于这种破坏周礼等级的僭越行为极为不满，因此，在议论季氏时说："在他的家庙的庭院里用八佾奏乐舞蹈，对这样的事情，季家都忍心做了，还有什么事情不忍心去做呢?"

当时的社会现实是诸侯相伐，僭天子之职，相互之间无道伐无道。所失者，尊尊之义，礼崩乐坏。西周等级森严的分邦建国制度遭受诸侯征战，礼乐日渐崩坏而引起社会秩序混乱，伦理道德文化的日渐丧失导致人心不古，世风日下。

这种乱象的深层原因是生产力的发展，使得经济基础、上层建筑领域出现了与周礼的要求不相融的局面，势力强大的诸侯开始变王田为私田，变分封制为郡县制，政权不断下移，诸侯纷纷制定自己的法律，周代奴隶制社会走向解体。礼崩乐坏主要表现在以下四个方面：

（1）经济上井田制逐步解体，出现了土地所有制及相应的赋税制度，如鲁国的初税亩、齐国的相地而衰征等。政治上一些强大的诸侯开始建立直属于君王的郡县制，不再对土地进行分封。

（2）各分封诸侯间征战不已，周天子无力阻止。

（3）各诸侯、卿大夫僭用礼乐的现象十分普遍。

（4）作为传统封建制度基础的分封制和宗法制遭到严重破坏，嫡长子继承制度多不能施行，一些有权势的卿大夫在征战中势力壮大，出现了礼乐征伐自诸侯出、自卿大夫出的局面。

孔子维护周礼，是为了社会稳定，但礼崩乐坏却是当时历史时期的大势所趋。孔子以后，中国历史进入战国时期。

人类社会为什么需要礼

> 礼，上下之纪、天地之经纬也，民之所以生也，是以先王尚之。
>
> ——《左传》
>
> 凡人之所以为人者，礼义也。
>
> ——《礼记·冠义》
>
> 国之大事，在祀与戎。
>
> ——《左传》
>
> 道德仁义，非礼不成；教训正俗，非礼不备；分争辨讼，非礼不决；君臣上下、父子兄弟，非礼不定；宦学事师，非礼不亲；班朝治军，莅官行法，非礼威严不行；祷祠祭祀，供给鬼神，非礼不诚不庄。
>
> ——《礼记·曲礼》

礼缘人情而作。大凡政治家在提出其社会学说时，为使其学说具有针对性，往往着意寻求人类最普遍的特点。儒家对礼的理论探索，是从研究治世之道开始的。"上不以其道，民之从之也难。""凡动民必顺民心，民心有恒。"《尊德义》说："圣人之治民也，民之道也。禹之行水，水之道也。造父之御马，马之道。后稷之艺地，地之道也。莫不有道焉，人道为近。”儒家没有将人的血统、地域或种族特征，而是将人性作为其治世之道的基础，认为要建立和谐的社会秩序，就必须顺应人性。

儒家将人性作为治道的基础和主体，提出“道始于情，情生于性”的理路，礼治思想发端于人情，“礼者，因人之情而为之节文，以为民坊者也”。情是性的外显，情与性相为表里，道始于情就是始于性。所谓人性，即《大戴礼记·文王官人》所说“民有五气，喜怒欲惧忧也”。

“礼”的繁体字为“禮”，左边是“示”字，右边是“曲”字和“豆”字。示中的“二”字表上天，“小”字的原始写法如“川”，表如水一样流下，“示”即表上天有信息传下来；“曲”加下面一个“豆”组成了祭祀的器皿。“曲”表承接来物，《说文解字》解释：象器“曲”受物之形，有虚心、谦卑的意思。所以这个“礼”字本义反映的就是对人对物要从内心发出尊重，自己要谦卑。

儒家礼的三个层面

今天的人们，提及礼的时候通常想到的是礼节、礼貌，从礼的文化本质而言，儒家的“礼”，有三个层面的意思。

礼是自然法

孔颖达《礼记正义》说：“礼者，理也。其用以治，则与天地俱兴。”这里的礼，乃是指永恒的天道，用西方人的话来说，即自然法。

礼是体现自然法的规则体系

《白虎通·情性》说：“礼者，履也，履道成文也。”从规则体系的角度看，这里“礼”又可以分为两类：（1）礼法。在中国封建制时代，礼法有着广泛的约束力，不仅庶民，而且君主，均在礼法的约束范围之内，君若不君，诸侯可发兵征伐，以武力恢复礼的秩序，所谓“凡君不道于其民，诸侯讨而执之”是也。君臣关系也是礼法关系，即使贵为君主，若违背礼法，臣可以提出解除君臣关系。显然礼治更接近现代法治之精义。（2）礼俗。礼是礼俗，即习惯法、社会自发秩序。它不是君王所立，而是来自传统习俗，来自对人情常理的承认，来自圣贤对自然法的发现。

英国政治学家埃德蒙·伯克说：“如果民间社会是习俗惯例的产物，那么习俗惯例便是它的法律。”儒家也有过类似说法，南宋理学家真德秀说：“夫法令之必本人情，犹政事之必因风俗也。”从这个角度来说，合宜的法律，不是“发明”的，而是“发现”的。用儒家的话来说，这叫作“因俗制礼”“则天垂法”，即从习惯法与自然法中发现人间法；用哈耶克的话来说，叫作“法律先于立法”。其要旨在于，它宣告了即使是掌握着最高权力的国王，也不能成为专断、全能的立法者。

礼为礼仪

作为天道、天理、自然法的礼是看不见的，作为规划体系的礼也是半可见半不可见的，礼还需要有一套完全可见的仪式来体现、表达和强化，这套仪式就是礼仪。儒家的礼仪是无所不包的，用《曲礼》中的话来说："道德仁义，非礼不成；教训正俗，非礼不备；分争辨讼，非礼不决；君臣上下、父子兄弟，非礼不定；宦学事师，非礼不亲；班朝治军，莅官行法，非礼威严不行；祷祠祭祀，供给鬼神，非礼不诚不庄。是以君子恭敬、撙节、退让以明礼。"

礼的效用是一种秩序

先王之道，所谓修己治人，经纬万汇者何归乎？亦曰礼而已矣。

——曾国藩

有了一种可以遵循的普遍认可的礼，社会自然就会稳定，治理必然就会轻松许多。因为人们可以自觉去管理自己，而不用完全依赖法律法规。在某种意义上礼有宗教的功能。

社会和国家秩序

孔子对礼乐制度的怀念是对有序社会的一种向往，他推崇周公是因为周代长期有序的局面。楼宇烈先生指出：儒家文化是一个综合性的文化，是一门将诗教、礼教、理学合为一体的学问。其中，诗教也就是我们后来常讲的乐教，相当于艺术教育，礼教就相当于宗教教育，而理学就相当于哲学。"礼"让我们辨明社会中每个人的身份，明白与这个身份对应的责任和义务，然后按照所应当承担的责任和义务去做人、做事。荀子还说："人，力不若牛，走不若马，而牛马为用，何也？人能群，而牛马不能群。"荀子提到的这个"群"的概念，就是我们常常讲的人的社会性。

在这个有社会性的群体中，有各种不同身份的人。儒家经常说"伦理"，"伦"是类的意思。人是分不同类的，人伦就是探讨社会中人与人之间的不同关系，所以儒家推崇"礼"，进行"礼"的教化，最终的目的是要达到让我们每个人都能"明伦"，即明白自己的身份和责任。在所有的孔庙中，大殿都会挂上一块牌子，上书"明伦堂"。这就是儒家礼教的根本目的——让我们每个人都能"明伦"，并且从自己做起。

儒家把整个社会人与人之间的关系分成五大类——君臣、父子、夫妇、长幼、朋友。"明伦"就是要明这五伦，明白社会中人与人之间的这五种关系。这五种关系里面的每一个身份都有相应的职责，通过礼的教育，让人明白每个人的身份以及这样的身份应该承担的职责，自觉地实践自己的责任和义务。

《礼记·乐记》特别强调执掌国政的君王的礼乐修养，要求臻于"德辉动于内"，"礼发诸外"，表率天下，推行礼乐之道。

个人秩序

颜渊问仁。子曰："克己复礼为仁。一日克己复礼，天下归仁焉。为仁由己，而由人乎哉？"

颜渊曰："请问其目。"子曰："非礼勿视，非礼勿听，非礼勿言，非礼勿动。"

——《论语·颜渊》

克己复礼事实上是一种个人本能与理性的调和，并且使理性占据上风。礼对个人而言，是一个人建立内心秩序的重要途径。在民间，"礼"从满月、百日、周岁就开始了，亲朋好友都来见证一个孩子来到这个世界上。而古人真正的"礼"是从"冠礼"开始的，即"礼始于冠"，"冠礼"就是成年礼。成年了，一个人对自己、对家庭、对社会，都是有责任的，不再是一个孩子，其一言一行、一举一动都要对自己负责、对家庭负责、对社会负责。这就是"冠礼"的内容，它给予一个人做人的尊严。

所谓"名字"，就是说"冠礼"时，一个德高望重的长者还要给成年之人取一个字（在这之前只有名没有字），从此以后，跟他同辈的人、比他小的晚辈，都不能直呼其名，而要称他的字，以示尊重。

更被重视的是婚礼，即"礼本于昏"。结婚意味着一个人不仅要为自己考虑，还要为对方考虑。不仅要为自己的家庭考虑，还要为对方的家庭考虑，同时负有对后代的教育责任。要上对得起祖先，下对得起子孙。所以婚礼实际上是非常隆重地告诉两位当事人——你们的身份变了，责任也变了。

被高度重视的还有葬礼和祭礼，即"重于丧祭"。葬礼就是亲人的过世之礼，特别是自己的父母过世。从一个人在父母的怀抱到自己能够独立地行走，大约需要 3 年，所以守丧也要 3 年，这个 3 年是虚岁的 3 年，实际上是 2 年，以报父母养育之恩。与个人相关的，最后一个礼是祭礼。祭礼首先是追溯自己的祖先，再扩大，还要感恩让人类得以生存的天地万物，因此祭礼也是不忘本的意思。丧礼是"慎终"，即慎重地对待死去的人，慎重地对待生命的终结。祭礼是"追远"，意味着不要忘掉以往的祖先。如果社会上人人都能够做到"慎终追远"、不忘本、心怀感恩，那么民风就不一样了。

礼的形式与内涵

礼云礼云，玉帛云乎哉？乐云乐云，钟鼓云乎哉？

——《论语·阳货》

子曰："居上不宽，为礼不敬，临丧不哀，吾何以观之哉？"

——《论语·八佾》

子曰："人而不仁，如礼何？人而不仁，如乐何？"

——《论语·八佾》

不管是玉帛还是钟鼓，在孔子眼中只是表达礼的道具和载体。孔子说，一个人如果没有仁德，那么礼拿来做什么呢？又拿音乐来做什么呢？孔子一生是讲礼乐的，用礼乐来治天下。礼是形式，乐也是形式，人的诚敬之心，可以用礼乐来表达。而人如果没有仁德之心，即使看起来好像很有礼节，礼数也很到位，实际上龌龊阴暗，礼就丧失了本质意义。所以孔子说首先人要有仁德之心，礼乐才有意义。礼不只是一种形式，也不只是物质层面的，更是人内心情感的一种表达。若没有情感、敬意在其中，礼和乐都是没有意义的。

儒家崇拜的是“天地君亲师”。荀子将其概括为“礼”之“三本”。“天地者，生之本也”，天地是生命的本源。“先祖者，类之本也”，先祖是这一类生命的本源。“君师者，治之本也”，“治”就是治己治人。

礼教的目的，就是要让我们懂得做人的道理。而这个道理的懂得，不是靠外在的力量，而是靠每个人的自觉，“为仁由己”。孔子主张通过“礼”的教化，培养一种“仁”的品德。礼的另一个作用，是培养人对自然、他人、天道的敬畏之心，这一部分的内容，我们将在“敬畏”一节专门阐述。

礼是联结仁与外在世界的纽带，它是制度文化的构成、文明的基本模式，对于人类所特有的美德与力量而言，依礼而行的能力和意志乃是非常重要的。“一日克己复礼，天下归仁焉。”礼是成就道德人格的必然要求。礼对于孔子来讲具有神圣性与实效性，礼由仁而发出，是活动与灵动的，并非那些陈旧死板的繁文缛节。

礼与乐

知声而不知音者，禽兽是也。

——《礼记·乐记》

君子乐得其道，小人乐得其欲。以道制欲，则乐而不乱；以欲忘道，则惑而不乐。

——《礼记·乐记》

乐者，天地之和也。礼者，天地之序也。和，故百物皆化；序，故群物皆别。

——《礼记·乐记》

在儒家的礼仪文化体系中，礼与乐相辅相成，两者的关系形同天地，《礼记·乐记》说：“乐由天作，礼以地制。”礼乐结合就是天地万物秩序的体现，礼与乐密不可分，甚至可以说，没有乐的礼不是礼，没有礼的乐不是乐。

在儒家的音乐理论中，声与音的区别在于，音有节奏、音调，而声没有。通常将声称为噪音，将音称为乐音。人与动物都有听觉，但人不仅有感知音的欲望，而且能利用声的特性构成乐音，来满足自己感官的需要。是否懂得乐音，是人区别于禽兽的重要标志。乐音有不同的层次：低层次的乐音悖逆天道中庸的原则，对人性的宣泄毫无节制，会引导人走向颓靡或暴戾的极端，最终毁灭人性，是亡国之音；高层次的乐音是天道的体现，使人在享受音乐的同时，受到道德的熏陶，涵养心性，是入德之门。因此，对乐音要有所选择，儒家将最高层次的音称为“乐”。

《礼记·乐记》说，“夫乐者，与音相近而不同”，只有合于道的音，才能称为“乐”。

是否懂得音与乐的区别十分重要，所以《礼记·乐记》又说："知音而不知乐者，众庶是也。唯君子为能知乐。"唯有君子才懂得真正的乐。

《礼记·乐记》讲"礼者别宜""乐者敦和"，所以要有"乐"的教育、诗的教育。礼是用来分别的，而乐的核心是和谐，包括天地的和谐、人与人之间的和谐。在乐的教育（艺术教育或者美育）里面也能让我们学到礼教所要传播的很多观念。艺术很讲究相互配合。一首好的音乐一定是各种音色的配合。各种不同的音色，快慢节奏、高低声音配合得好，这首乐曲才好听。在艺术的实践活动中，也会让人学习人与人之间应该怎样相处、怎样配合。因此艺术对人生的教育、对人生的提升是非常重要的。我们每个人不要只是欣赏艺术，而是要参与、实践艺术，培养多方面的艺术爱好。通过艺术的实践，能让我们更多地懂得如何处理好各方面的关系。所以乐教和礼教是紧密相连、紧密配合的，如鸟之两翼、车之两轮。

人类区别于动物，因为人可以教育。儒家之所以重视教育，正是基于这一认识。儒家教育的目标，是要通过德和礼培养表里如一的君子。乐与礼是内外相成的关系，礼以治外，旨在规范人的行为举止，使之处处中节、恰到好处。乐以治内，重在引导人的性情心志，解决礼的根源问题。《礼记·乐记》说："乐者所以象德也；礼者所以缀淫也。"乐是内心德行的体现，"淫"是过头的意思，礼的作用是防止行为出格。1973年，长沙马王堆汉墓出土的帛书中有《五行》一篇，谈及人的内心与行为的关系时说过一段很精彩的话："仁形于内谓之德之行，不形于内谓之行。义形于内谓之德之行，不形于内谓之行。礼形于内谓之德之行，不形于内谓之行。知行于内谓之德之行，不形于内谓之行。圣形于内谓之德之行，不形于内谓之行。"

这段话讲的是人的仁、义、礼、知、圣五行有两种状态：一是"形于内"，即五行出自内心；二是"不形于内"，即五行不出自内心。作者认为，仁、义、礼、知、圣五行只有形于内，才能称为"德之行"，否则只能称为"行"，仅仅是行为与德行恰好相符而已，内心如何则不得而知。"德，天道也。"符合天道的德行形之于内心，然后显露在外表，处处中节，才是真正的德行。

值得一提的是，儒家倡导教化，但并不排斥行政管理和法律纠劾。破坏社会秩序者在规劝无效之后，必须用政和刑的手段令其就范。因此，儒家将礼、乐、政、刑四者并提，主张教化与行政管理结合，用政、刑保证礼、乐的推行。

今天的礼和仪式感

今天的时代，庄严和崇高的事物经常被世俗解构，这也造成了生命中仪式感的缺乏。近些年来韩剧普遍受到中国观众的欢迎，我们会从中发现韩国人日常生活中仪式感的部分也非常吸引人。比如在生活场景中人们习惯使用敬语，每个人"出必告，反必面"，即便是家常便饭，用餐时讲究的用餐顺序和庄重仪态也是必不可少的。

子曰："质胜文则野，文胜质则史，文质彬彬，然后君子。"就是说，内容依附于形式，形式为内容服务。内容与形式的关系处理得好，才能相得益彰。其实，这个道理也适用于"礼"的哲学。

仪式是文化的重要元素，这种看似没有实用价值的行为举动，却是一个群体必需的。特定的仪式赋予一个群体的特征，有助于增加个体对群体的认同感和归属感，增进群体的团结和凝聚力；完全缺乏仪式的社会如同浮萍，难以产生归属感和集体感。

仪式具有特殊的社会心理功效，因此才会得到人们特别的重视。

其一，仪式是一种社会认同的模式。仪式往往让我们的地位正式化，也让我们觉得自己得到的认可是公开化的，而某些仪式的缺乏既让我们觉得失落，也让人非议。今天，人们普遍缺乏应有的仪式感，所以会让个人的生活状态和精神状态变得过于随意。

其二，仪式向社会传递其特殊的信息与意义。比如婚礼仪式代表一个新家庭的出现，而新员工入职仪式宣告我们作为一个组织人的权利和义务的开始，成人仪式宣告从此这个人需要为自己的行为负完全的责任，总之，我们从一个仪式中看到某种社会关系与社会位置变化的信号。近些年来，很多学校和机构开始重视“十八岁成人礼”的举办，其实也是希望年轻人通过这个仪式产生应有的使命感和责任感。

了解了礼的文化内涵，我们就不会仅仅认为它是一种表面的繁文缛节，而会对礼辩证客观地看待。当下，礼理应得到更多的重视，形式上也应有与时俱进的改造与发展。

链接阅读：《礼记》节选

《礼记》，相传是由西汉戴圣对秦汉以前各种礼仪著作加以整理、编纂而成，共 49 篇。《礼记》被列为“儒家十三经”之一，侧面反映了战国以后及西汉时期社会的变动，包括社会制度、礼仪制度和人们观念的继承和变化。其分别着眼于制度、通论、名堂阴阳、名堂阴阳记、丧服、世子法、子法、祭祀、乐记、吉事、吉礼等，所阐述的思想涵盖社会、政治、伦理、哲学、宗教等各个方面。

鹦鹉能言，不离飞鸟；猩猩能言，不离禽兽。今人而无礼，虽能言，不亦禽兽之心乎？……是故圣人作，为礼以教人，使人以有礼，知自别于禽兽。

——《曲礼》

君子之容舒迟，见所尊者齐遬。足容重，手容恭，目容端，口容止，声容静，头容直，气容肃，立容德，色容庄，坐如尸，燕居告温温。

——《玉藻》

礼乐皆得，谓之有德。

——《乐记》

乐由中出，礼自外作。乐由中出，故静；礼自外作，故文。大乐必易，大礼必简。乐至则无怨，礼至则不争。揖让而治天下者，礼乐之谓也。

——《乐记》

大乐与天地同和，大礼与天地同节。

——《乐记》

第八堂课

儒家的天命观与中庸之道

提　要

1. 中国人为什么常常在表达激动的情绪时会脱口而出“我的天”？
2. 体认天命是否就意味着一种妥协和自我放弃？
3. 儒道释三家对于天人合一的理解有何关联和异同？
4. 中庸是否就意味着做老好人、没性格？

天命

孔子在总结自己的人生历程时曾说：“三十而立，四十不惑，五十而知天命。”天命一词在人们的日常生活中也经常出现。

“天”字在殷商时代即有之，但起初并没有至上人格神的意义。天的观念是周人提出来的，本义是“颠”，即人的头顶。《尚书》中有“天德”一词，是指上天立下的道德准则。上天监察世间统治的好坏，拿这个标准去衡量王权的应用。一个明德的君王，上天会把大命交给他，“天子”一词也是由此而来。《尚书》中还有“皇天无亲，惟德是辅，民心无常，惟惠为怀”一句，体现了天不是纯粹自然的法则，而是道德意义上的法则和秩序。

周公认为，商王朝的覆灭在于失德，违背了上天的旨意，“天”虽然降天命给王，诚心地帮助王，但王千万不可以忽视它的“威罚”，让民众产生不满的情绪。从此，天变成了可以认识和理解的对象。人作为上天旨意的执行者，也从对天的盲目相信中解脱出来，靠主观能动性，以期与天命永远合一。

一般说来，“天”有三重含义：（1）人头顶上苍苍然的天空，自然之天。（2）超自然、至高无上的人格神，有意志、能创造万物，并主宰一切，亦称为帝，超越之天。(3) 宇宙的本源，已没有作为意志主宰之天的意义，被看作自然的，是人性的依据、道德的依据、根源之天。

而说到天命，"命"一般有三个含义：(1) 宿命，命运。子夏曰："商闻之矣：死生有命，富贵在天。"(《论语·颜渊》) (2) 天命，性命。"子罕言利，与命，与仁。"(《论语·子罕》) (3) 命令，辞命。"天命"，是指上天的旨意或命令。引申开来，一指必然性或命运，二指先天的自然禀赋。人们的道德观念和人性的善，都是先天的禀赋。

《论语》中的天命

西周形成的天命思想是后来儒家思想的重要来源。如果说孔子是先秦文明的集大成者，那么周公便是开启者，周孔思想一脉相承，孔子在周公的天命思想上有所损益，形成了早期的儒家天命观。

在《论语》中，孔子直接讲"天"的内容有 12 处，与"天"相关的内容有 15 处。其中，"天下"多有四海八方六合之意，"天子"是指承运上天而享有王命的人。

"天命"在《论语》中正式出现过的有两处：一是《为政》中的"五十而知天命"；二是《季氏》中的"君子有三畏：畏天命，畏大人，畏圣人之言。小人不知天命而不畏也，狎大人，侮圣人之言"。

正如孔子所说："吾十有五而志于学，三十而立，四十而不惑，五十而知天命，六十而耳顺，七十而从心所欲，不逾矩。"这里的数字并非确数，只是表示进境过程。孔子把"知天命"作为君子立、知人的前提，可见知天命在孔子的心目中占有很重要的地位。知，既是志于学、立于学所要达到的目的，亦是步入耳顺、从心所欲、不逾矩境界的起点。

志于学—立于学—不惑—知天命—耳顺—从心所欲，我们可以说这是圣人求学问之路，也是其人格与心灵培养的历程。一个人正是通过立志确立了为之奋斗的价值目标。从三十而立到四十不惑，终于在心中找到一以贯之的东西，内心立起来的原则使自己不迷惑于外物，进而达到知天命的境界，意味着天命与自己的内心已然贯通起来。

孔子在《论语·季氏》中说："君子有三畏：畏天命，畏大人，畏圣人之言。"畏天命，就是随时谨慎小心，在行为上多做检讨，小人不知天命也就不畏天命，因而便行无忌惮了。《中庸》开篇便指出"天命之谓性"。古人主张天人合一，认为天与人是息息相通融为一体的，人与世界不是"主体-客体"的二分式关系，而是一个不可分割的和谐整体。因此，人性与天是相贯通的，人性是由生生不息的天命，在赋予不同的个体生命中形成的。天命被赋予至上的道德性，所以，天命天道内在于主体，形成具有道德本体的人性，人性就是道德的善本身。由此可见，天命既是人性的超越性原则，又内在于人性，二者是合二为一的。人之所以为人，就在于天命所赋予的与禽兽的那一点点区别。天命是人性的保障与见证。

天命既然内在于人性之中，在人的本性中就形成了善的道德本体，不在心性之外，只要尽心尽性便能知天。所以孟子说："尽其心者，知其性也。知其性，则知天矣。存其心，养其性，所以事天也。”（《孟子·尽心上》）尽善便是尽性，尽性便是知天命、体天命，这是中国儒家“天人合一”思维模式的绝佳展现。要与天命相契合，就必须成就道德，德性是通向天命的唯一途径。天命的普遍性表明了成德并非某一群出身高贵的人所独享的权利，任何天之子民都有成圣成贤的可能，且是一个无限渐进的过程与境界。这一境界的到达需要不断的道德实践和道德修养，小到在家庭里的一言一行，大到在乡里社会的选择担当。如此便是孔子所提倡的“践仁”——不仅是善性的流动，更是智慧认知的涵养，这一追求是永无止境的。理想中的天命固然至善至美，但作为现实中的践履者，是不能用有限的一生为其画上句号的，只有用毕生的心血与智慧，最后才能止于至善。这恰恰表明，人性的最大光辉就在于，有天生的道德资质以及在此基础上经修养而能自我提升的能力。正所谓“苟日新，日日新，又日新”。

君子将天命铭刻于心，处处坚持天命信念。当孔子被困于匡时，他泰然处之，并说：“天之将丧斯文也，后死者不得与于斯文也；天之未丧斯文也，匡人其如予何？”当桓魋欲杀他时，他说：“天生德于予，桓魋其如予何？”君子处处坚信上天对有德者的眷顾。当他的行为面对打击和怀疑时，始终不动摇，坚守天命赋予自己的正当性，甚至以鲜血和生命来捍卫。在儒家天命观中，还有一点不容忽视，那就是享有大德的人才配担当大命。这不仅是个人功夫的养成，更是对儒者博大担当意识的养成。孔子一生“知其不可而为之”的精神，不仅是领会到天命精神的神圣感召而自由自觉的践行，还源于对人、对人世间精诚关怀的爱。

儒家对待天命的三种态度

一个人对待天命的态度，由浅入深通常是体认、敬畏、持守三个阶段。认清天命自然会产生敬畏之心，进而自觉把持守天命作为自己的责任。

体认天命

天本身是在人之中才具有生命力和决定性的，人顺天之性，回应天命，是人之为人的生存意义和天职。对天命的认同和领悟，意味着天人之间积极、亲和关系的建立与确认。是对天命之性的承接与顺从，是人对其自身使命的自觉。知天命的“知”，不仅是认知之知，而且是实践之知，是一个人踏踏实实在内心寻一个安置处。换言之，天命即人生，天命的意义便体现为人生的意义，天人合一即天命与人生的合一。以人生践履天命是孔子思想的核心，也是儒者的基本精神。

孔子说“天生德于予”，“德”贯穿于人心就是“仁”。“仁”是孔子思想的核心，是孔子内在人格魅力的完全展现，是圣人的内在力量，它来自思想的完整和道德的正直。仁道，从本质上讲就是人道，它的实现依赖于人的运作，体现了人性的真实、天命的真实。从某种意义上说，“体仁”就是体天命，“知仁”就是知天命。通过学的深层积累，而领悟到人能通过其自身所禀有的能力，积极地回应天命，有意识地修德践德。如果一个人的内在意识为蒙昧、怨恨、恐惧、无知所占据，一颗原本清亮透彻的心就没办法彰显出来。

不知命，无以为君子。知天命与否，是衡量一个人生命价值的标准。唯其如此，对天命的践行是立足于人世生活的，是有志于成为君子的人能够运用自己的道德理性能力企及的。

敬畏天命

人最初对天的敬畏缘起于天的存在和力量。天，自始起便具有自然与超越的二重性，代表一种无所不在的自然存在和覆盖万物的宇宙秩序，在天的临照下，人是孱弱与渺小的，自然力量的无边转化成神格力量的无边。古人相信天的创生力、明辨力、赏罚力，往往对天有最高的期望。人格神存在与否，丝毫不能作为否认人类对天的原始崇敬的依据。由对天的感激崇拜之情，到庄严而神圣的祭天仪式，古人认为事天而致福佑，只有靠敬意和诚意，才能迎来神的降临。人神同在，是对人的虔敬之心的一种最好的回应。人对天的虔诚，是一种神圣而崇高的感情，是人对天最初的肯定与回应。

孔子对天命的敬畏，更多的是对最高原则与理想的敬畏。人首先是有限的存在者，然后才有幸成为有限理性的存在者。此种敬畏，是有限者对无限性的敬畏。正因为人知道了何谓无限，才产生出了对无限之为无限的敬畏；正因为有了这样的敬畏，无限才永远昭显为无限。在天命面前反观自身，无论作为肉体的存在者，还是作为精神的存在者，面对自己的缺陷，人都感到自己的渺小，有了“自叹弗如”的谦卑。天命在人世的聚焦是圣人，圣人是道德的圆融者、文化的自任者，在他身上，天命和人道由于他个人的禀性而得到融会贯通，带来的成果和建树也是显而易见的。人们在钦羡、崇敬、仿效圣人的过程中，心灵找到了归宿，自由自觉地产生了认同。

持守天命

人立志顺天知命，做一个顶天立地大写的人，即能最终落实于自己的道德实践，切实地将天命之性给予妥善的安置。仁是内在于个人生命的必然根源，也是个人生命的引发力量。但它敛于内，尚未完全表现为天命的外在发用。它所应该面向的是如何在现实的生命中得到确立，精神上的体验是完全不够的，更重要的是在行为中确证自身。“克己复礼为仁”，礼是仁的外在表现，“礼者，履也”。孔子认为，君子获仁，不仅止于自己的人格养成，还须修身、齐家、治国、平天下。不仅是个人生命的完成，还应是群体生命的成全。君子的仁，应在自己的周围泛起涟漪，产生影响。

君子对天命的持守表现为对礼忠诚与坚定的践履、持守。首先是思想主体在精神上对天命的恭敬状态，再是行为上的谨慎与收敛。天命内驻于心，由内至外的推发出来，体现为行为上的真、善、美。说它是真的，是因为那是天命之性的自由释放，是君子心灵深处的本真意愿，不为外物污染和蒙蔽；说它是善的，是因为它“从心所欲”，促成自己行为的动机，符合道德的善与智慧；说它是美的，是因为行为主体所带来的结果，不构成妨碍他人的障碍，“不逾矩”，且仪态与步骤本身就是美的表达。天命使人与人之间的交往更加和谐与融洽、昭然有序。

天命彰显了人性，人性响应着天命。畏天命、知天命、顺天命是一种自由自然的境界、天人的最高统一。在儒家的眼中，作为个体的人，只有有其信念上的终极承担，才能发现和发掘自身生存的价值和死亡的终极意义，使有限的生命达到无限的意义。对天命的落实，敞开了人性的真实，这是先天的赐予，也是后天的塑造。君子的道德体验与道德实践，是在直面惨淡的人生、直面死亡的重担时，是不可伪装、不可替代、不可让渡的个体性使然。人之为人应有的品格、人之为人应享有的幸福，都应首先从人自己做起，委实不应该怨天尤人。

君子以乐天知命的心态，感受生命真实可依的力量。以天命作为道德的来源与主体自身行为的最后保证，个人主体的道德行为就能畅通无阻地进行下去，精神与行为都能达到自由的境界，而不会局限于个人得失，反而所遭受的一切不公与艰辛，会在对天或天命的信念下一一得以消解。这时，一个人可以坦然面对一切磨难，认为承受它们仿佛都是褒奖而非惩罚。

君子体天顺命，在磨砺中成长与完善，这是天命赋予人的宝贵财富。孟子说："故天将降大任于是人也，必先苦其心志，劳其筋骨，饿其体肤，空乏其身，行拂乱其所为，所以动心忍性，曾益其所不能。人恒过，然后能改。困于心，衡于虑，而后作。征于色，发于声，而后喻。"（《孟子·告子下》）顺天命之性而行本身就是一种境界追求。从理想层面来说，它可以不计功利，不计得失，只要合乎自己心灵的真实愿望就可以了，只要护住一颗自由善良的本心，不使灵魂坠落就是目的。无论是生死抉择的关头，还是日常生活的琐碎小事，都是践习德行所要接受的磨难与考验。这虽然是己身的事情，但扩大开来却是有益于社会大众的行为。

儒家所要求的"内圣外王"，不仅仅是将天命内化为自觉履行道德规范的人格典范，还要求将内化为自身内在要求的天命推己及人。儒家是有使命的，立功、立德、立言"三不朽"追求正是积极进取、改变社会的使命体现。张载的"为天地立心，为生民立命，为往圣继绝学，为万世开太平"更表明了道德的行为是天命安置于人心的最有效的证据。"天命"与"人"相结合，从形而上的角度确证人的道德生活的必然性和绝对性。唯其如此，才能称得上是安身立命。

孟子说："殀寿不贰，修身以俟之，所以立命也。"意思是说，无论寿命长短，都不三心二意，修养自身，等待天命，这就是用以安身立命的方法。

能修身才能"安身""立命"，即"立于命中"，就是指面对命运的无常，人还能够站起来，不为它的神秘力量所打倒。由此，人也就无惧死亡的威胁了，生命由此获得了牢不可破的根基，这就叫作"安身立命"。

中国历史上不乏在饱经磨难后绝不放弃信念、历尽艰辛依然与命运抗争的人，他们有坚实可靠的内在支撑，笃信天降大命于我身，有崇高的道德使命、强烈的担当精神与济世情怀、坚毅的行德践仁的勇气，以及彻悟生死的心境。道德对于他们来说已成为有目的生活的第一需要，而不是应该遵循与否的问题。这样的人有着对于道德理想的坚定信念，有着为实现自己的理想而努力的坚定意志。他们不管在何等恶劣的条件下、艰苦的环境中，不管在怎样的考验面前，都能自觉地坚持自己的信念，从而在纷繁复杂的世界做出无愧于己心的选择。

与乐天知命相比，尽人力、安天命是一种更加客观和积极的人生态度。正如苏东坡在《墨妙亭记》种所表达的："余以为知命者，必尽人事，然后理足而无憾。物之有成必有坏，譬如人之有生必有死，而国之有兴必有亡也。虽知其然，而君子之养身也，凡可以久生而缓死者无不用。其治国也，凡可以存而救亡者无不为，至于无可奈何而后已。此之谓知命。"

真正的知命不是消极等待，而是首先尽到最大的努力，而后无憾无怨无悔。从孔孟到苏东坡，再到文天祥、孙中山，他们不仅成就了自己，还呈现了天命。人之为人的意义，就在于顺应天命之性，穷尽毕生之力发掘涵养内在的德性能力，成就自己，做一个无所愧怍、无所畏惧、理直气壮、堂堂乎立于天地之间的人。他们将天命视为自己肉体与灵魂必不可少的一分子，天命不仅不能与肉身撕裂，更不能与心灵疏离。

天人关系：合一与合德

儒家讲"天人合德"，道家讲"天人合一"。以台湾学者傅佩荣先生的观点来看，比较道家和儒家主要可以从以下三个维度进行：

第一，儒家是以人为中心。所以孔孟谈任何问题，首先考虑的是人，是标准的人文主义。所以儒家表现出来一种标准的社会性格，道家显示的是自然性格。道家不以人为中心，把人还归大自然，自然界就是客观规律的展现。

第二，儒家是把天当作最高的存在，所以儒家把帝王当作天子是合理的，代表它接受历史性，儒家有很明显的历史性格。道家认为天子也是万物之一。道家的道是宇宙层面的，具有宇宙性格，不再受制于人类历史的范围。

第三，儒家认为，人生最高的修养境界是"天人合德"。强调人一定要修养德行才能够达到天的要求。这与道家的"天人合一"是不同的。

"天人合一"是中国古代哲学思想的最核心命题之一，庄子阐述之后，被汉代思想家、阴阳家董仲舒发展为"天人合一"的哲学思想体系，并由此构建了中华传统文化的主体。董仲舒将阴阳、五行学说合流并用，认为在自然界中，天地人三者是相应的。

《庄子·达生》有言，"天地者，万物之父母也"。《易经》中强调三才之道，将"天、地、人"并立起来，并将"人"放在中心地位。天有天之道，天之道在于"始万物"；地有地之道，地之道在于"生万物"；人不仅有人之道，而且人之道的作用就在于"成万物"。再具体地说：天道曰阴阳，地道曰柔刚，人道曰仁义。天地人三者虽各有其道，但又是相互对应、相互联系的。这不仅是一种"同与应"的关系，而且是一种内在的生成关系和实现原则。天地之道是生成原则，人之道是实现原则，二者缺一不可。

事实上，"天人合一"有两层意思：一是天人一致。宇宙自然是大天地，人则是一个小天地。二是天人相应，或天人相通。是说人和自然在本质上是相通的，故一切人事均应顺乎自然规律，达到人与自然和谐。老子说："人法地，地法天，天法道，道法自然。"表明人与自然的一致与相通。通过前文儒家天命观的分析，我们不妨回顾《礼记·中庸》的"诚者，天之道也；诚之者，人之道也"。儒家认为人只要发扬"诚"的德性，即可与天一致。董仲舒则明确提出："天人之际，合而为一。"

"天人合一"是中国传统文化的一个最基本问题，是中西文化差异的焦点，同时也是中国哲学与诗学之间内在联系的基本特性。关于中国传统文化中的"天"，冯友兰先生认为主要有五种含义：第一种是"物质之天"，指日常生活中看见的与地相对的天，就是我们现在所说的天空。第二种是"主宰之天"或"意志之天"，指宗教中所说的有人格、有意志的"至上神"。第三种是"命运之天"，指旧社会中所谓运气。第四种是"自然之天"，指唯物主义哲学家所谓的自然。第五种是"义理之天"或"道德之天"，指唯心主义哲学家所虚构的宇宙的道德法则。

这五种含义中最基本的不外乎两个方面：自然方面的"天"和精神领域的"天"。前者是基础，对后者起决定作用，但是后者一旦生成又可对前者进行意义建构，使自然的无生命无情感的"天"获得存在的意义和价值。这里的"天"实际上就是"人"，是"人"的一种外在化或对象化形式。那么，"天"与"人"究竟是如何"合一"的呢？

对此，张岱年先生认为，"中国哲学中所谓天人合一，有二意谓：一天人本来合一，二天人应归合一"。

"天""人"的含义可以从两个方面来理解。一是从人与自然的关系看，相当于主观与客观、精神与物质或意识与存在等之间的关系；二是从人与社会的关系看，就类似于个体与群体、感性与理性或私欲与公德等之间的关系。

中国人最基本的思维方式正是表现在天与人的关系上。古人认为人与天不是处在一种主体与对象之关系之中，而是处在一种部分与整体、扭曲与原貌或为学之初与最高境界的关系之中。主要有儒家、佛家、道教三家观点。

在儒家来看，天是道德观念和原则的本原，人心中天赋地具有道德原则，这种天人合一乃是一种自然但不自觉的合一。由于人类后天受到各种名利、欲望的蒙蔽，不能发现自己心中的道德原则。人类修行的目的，便是去除外界欲望的蒙蔽，"求其放心"，达到一种自觉地履行道德原则的境界，这就是孔子所说的"七十而从心所欲，不逾矩"。

在禅宗来看，人性本来就是佛性，只缘迷于世俗的观念、欲望而不自觉。一旦觉悟到这些观念、欲望都是不真实的，真如本性也就自然显现，最后达到成佛的境界。因此，他们提出"烦恼即菩提，凡夫即佛"。真正达到觉悟后的境界是什么样呢？从某种意义看，仍有点像道家的一切顺应自然之意。故禅宗语录有言："悟得来，担柴挑水，皆是妙道。""禅便如这老牛，渴来喝水，饥来吃草。"

在道家来看，天是自然，人是自然的一部分。因此庄子说"有人，天也；有天，亦天也"，天人本是合一的。但由于人制定了各种典章制度、道德规范，使人丧失了原来的自然本性，变得与自然不相协调。人类行动的目的，便是"绝圣弃智"，打碎这些加于人身的藩篱，将人性解放出来，重新复归于自然，达到一种"万物与我为一"的精神境界。

中庸之道

每个中国人对"中庸"二字都不陌生，但是理解却常有偏颇。《论语》中直接提及

“中庸”二字是在《雍也》中：“中庸之为德也，其至矣乎！民鲜久矣。”这句话的意思是，孔子说：“中庸这种道德是最高层次的了，人民缺少这种道德已经很久了。”中庸是儒家思想中非常重要的范畴，是指看待事物、处理事情应该掌握的原则与尺度，即适中、不偏不倚。因此这是一个原则性的提法，具体实行时要根据具体事物进行具体分析，总的原则是不偏激、不走极端。

“中庸”一语，流俗之人固执地误解为“中间派”“无原则”，恰与原意完全违背。“中”，并非“中间”之义，乃“衷心向善”之义；“庸”即是“常”，即“常道”“真理”之义。故“中庸”乃“矫正偏见、衷心向善，合乎常道，措之时宜，反复其道”之义；简而言之，乃“坚持真理，又适时变通”之义。

孔子率弟子游览鲁桓公庙，庙内有欹器，孔子曰：“虚则欹，中则正，满则覆。”他让弟子们往欹器加水，果然，水少时欹器是斜的，加水至一半时欹器是正的，加满水时欹器翻倒了。孔子说，任何事物没有满溢而不倾覆的。这则“观器论道”的故事，说的就是“中庸”。

中庸是孔子最先明确提出的一个道德规范和行为准则，在《论语》中有明确的表述，其后《礼记》中出现的《中庸》是阐释孔子原意的。

孔子把“中庸”看成是最高的道德标准、解决一切问题的最高智慧，其含义是执中守正，即恪守中道、坚持原则、不偏不倚、无过无不及。“礼之用，和为贵。先王之道，斯为美，小大由之。有所不行，知和而和，不以礼节之，亦不可行也。”这段话出自《论语·学而》，其中“礼之用，和为贵”六个字我们都很熟悉，但后半部分就有很多人不理解了。其实，这讲的正是中庸之道。整段意思是：“礼的作用，在于使人的关系和谐。先王治国，就以和谐为美，大小事情都这样。有行不通的时候，单纯地为和谐而去和谐，不用礼来节制，也是不可行的。”尽管“礼”的目标是“和”，“和”又是最美好的境界，但是如果为了表面的一团和谐而“和”，忽略了礼，也是不可行的，那样就不可能是真正的和谐与美。这里面就出现了一种辩证和客观的关系，也表明了“和”的本质和度，而这个度正是中庸之道的一种体现。

中庸是儒家范畴的概念，但是根本上却和老子的思想相通。老子说：有和无是彼此相生的，难和易是彼此相成的，长和短只有彼此比较才会出现，不同的声音产生和谐，前后互相对立才有了顺序。《老子》一书中，许多地方深刻地论证了相反相成、物极必反和事物在矛盾中发展的道理。

清代李密庵有首《半半歌》，可以说为“中庸”之道做了非常好的一种阐释：

看破浮生过半，半之受用无边。
半中岁月尽幽闲，半里乾坤宽展。
半郭半乡村舍，半山半水田园。
半耕半读半经廛，半士半民姻眷。
半雅半粗器具，半华半实庭轩。
衾裳半素半轻鲜，肴馔半丰半俭。
童仆半能半拙，妻儿半朴半贤。
心情半佛半神仙，姓字半藏半显。

一半还之天地，让将一半人间，
半思后代与沧田，半想阎罗怎见。
酒饮半酣正好，花开半时偏妍。
帆张半扇免翻颠，马放半缰稳便。
半少却饶滋味，半多反厌纠缠。
百年苦乐半相参，会占便宜只半。

这首《半半歌》，可以说是中庸思想的世俗化表达，一切都在这“半”中妙不可言。林语堂说，孔子的孙子子思是把中庸思想发挥到极致的人。有趣的是，希腊文“mesotes”的意译恰好是“中庸”，这是亚里士多德的用语，意思是不偏不倚、处于两个极端的中间，即一种“中道选择观”，这正好和孔子所说中庸的意思高度一致。不同的是，亚里士多德的“中道选择观”在实践中走向了在尊重个人意志自由的基础之上寻求社会公正的理论探索之路，主张建立一个法治社会，为西方建立法治和民主社会提供了厚实的理论基础。孔子的中庸思想在实践中最终走向了要求个人道德修养与社会礼法共治的道路，要求最终实现社会和谐，力图实现一种德治社会。

中庸是一件非常有难度的事情，孔子曾经说了一句话：“天下国家可均也，爵禄可辞也，白刃可蹈也，中庸不可能也。”天下国家都可以治理，一个大官可以不要官帽子，一个将军可以在雪亮的刀刃上轻踏而过，但中庸却不容易做到。孔子还说自己一辈子，只做到了两次中庸。

除《论语·雍也》之外，《论语》中与中庸有关的提法还有五处：

第一处，《子路》。子曰：“不得中行而与之，必也狂狷乎！狂者进取，狷者有所不为也。”这里的“中行”是指行为采取适中的做法，中庸、中行意思基本相同。本章是孔子自述其交友之道。一定要和有思想、有独立人格的人在一起，如果能够是“中道而行”的大君子最好。如果周围没有这样的人，那么和那些思想激进而积极进取的人在一起也可以，与那些高洁自持、不与世俗同流合污的孤僻之人在一起也可以。狂者和狷者只是处世态度上有些偏激而已，但还属于君子的品格。如竹林七贤等便属于此类人。总之，孔子讨厌那些口是心非、阳奉阴违、庸俗不堪的卑鄙小人。

第二处，《尧曰》。尧曰：“咨！尔舜！天之历数在尔躬。允执其中。四海困穷，天禄永终。”这里的“允执其中”也是中庸的意思，即要稳妥地把握好中正的尺度。

第三处，《为政》。子曰：“攻乎异端，斯害也已。”大意是说，看问题要全面，要有两点论，如果只在一个方面下功夫，就容易偏激，是很有危害的。实际便是提倡中庸而反对偏激。

第四处，《子罕》。子曰：“吾有知乎哉？无知也。有鄙夫问于我，空空如也；我叩其两端而竭焉。”大意说，我有知识吗？没有什么知识。有个农夫请教我问题，我好像腹中空空，一点也不知道怎么回事。我就从这个问题的正反两面、本末两点来反复询问考察，尽力让他搞清楚。从两端向中间寻找最适中的点，便是应该采取的态度。

第五处，《先进》。子贡问：“师与商也孰贤？”子曰：“师也过，商也不及。”曰：“然则师愈与？”子曰：“过犹不及。”中庸便是最适合的点，如果过了也不好，不及也不好。

通过对这些原文的考察，我们可以知道孔子提倡的中庸便是要在日常生活中采取适度原则。这是非常难的，也是智慧的最高表现。举例来说，阳货特别想拉孔子加入自己的团队，他想要见孔子，孔子却不愿见他。后来用手段在半路上“碰”到孔子，对孔子进行一番不太恭敬的训话，孔子并没有针锋相对，也没有采取报复行动。但依旧坚决不加入。孔子一生不为已甚，没有任何偏激的行为，实际便是采取了中庸的态度。

被误解的中庸

在儒家的中庸思想当中，中庸是有刚性的、是有底线的，中庸是最需要智慧的。中庸是中国古代哲学思想当中最核心的一部分。

柳宗元在《断刑论》中有几句话，对于理解中庸很有帮助。他说：“经也者，常也。权也者，达经者也；皆仁智之事也。离之，滋惑矣。经非权则泥，权非经则悖。是二者，强名也，曰当，斯尽之矣。当也者，大中之道也。离而为名者，大中之器用也。知经而不知权，不知经者也。知权而不知经，不知权者也。”这里的“大中”和中庸的意思近似。经，是原则、是底线；权，是权变、变通。在不突破底线的前提下灵活处理事情，便是中庸。从某种意义上讲，子路便是因为没有理解孔子的中庸之道而死的。

杜维明先生曾很痛心地说欧美思想家对于儒学之误会到达到难以理解的程度。其实我们自己对于儒家思想之精华也有很多误解，而“中庸”是被误会最深最广泛的一个术语。

后世许多人把中庸误解为和稀泥、不讲是非，这是最大的误解。孔子是非常强调是非观念的，中庸是在正确判断是非的前提下不采取极端的处理方式。再透彻点说，“庸”是平常日用，所有的生活，小到衣食住行，大到礼乐刑政，都要坚持适中的原则，这便是中庸。“道”“仁德”就存在于日常生活中，这是儒学实用理性的特点，也体现其现实生活指导原则的伦理作用。如孔子见南子的问题，孔子对南子有一定的评价和判断，但为实现自己的政治主张，便认为去见见也无妨，体现中庸之道和灵活性。

通过对“中庸”思想的重新梳理，我们应当对其原则和内涵有了更深的了解和把握；更重要的是，希望在生活实践中，中庸之道也可以被我们更好地运用，进而指导我们的工作、学习和社会交往。

第九堂课 知行合一致良知

提　要

1. 王阳明为什么要提出知行合一？
2. 知行合一就是理论联系实际吗？
3. 为什么知行合一是一件很难的事情？

王阳明其人

王守仁（1472—1529），汉族，幼名云，字伯安，自号阳明。明代著名的思想家、文学家、哲学家和军事家，“陆王心学”之集大成者，精通儒家、道家、佛家思想。浙江绍兴府余姚县（今宁波余姚）人，因曾筑室于会稽山阳明洞，自号“阳明子”，学者称之为“阳明先生”，亦称王阳明。王守仁出身于一个显赫的家庭，天生有特殊的气质。相传他的母亲怀孕超过十个月才分娩，在他诞生之前，他的祖母梦见天神衣绯玉，云中鼓吹，抱一赤子，从天而降，祖父遂为他取名为“云”，并给他居住的地方起名为“瑞云楼”。王守仁5岁时仍不会说话，但已默记祖父所读过的书。有一高僧过其家，摸着他的头说：“好个孩儿，可惜道破。”相传祖父根据《论语·卫灵公》所云“知及之，仁不能守之，虽得之，必失之”，为他改名为“守仁”，随后他就开口说话了。幼年的王守仁，有着良好的家世，因此拥有一个非常优越的学习环境。

12岁时，王守仁正式就读私塾。13岁时，母亲郑氏去世，这对他来说是一个很大的挫折。但他志存高远，心思不同于常人。一次与先生讨论何谓天下最要紧之事时，他认为科举并非第一等要紧事，天下最要紧的事是读书，做一个圣贤的人。当时国家朝政腐败，义军四起，宋英宗被蒙古瓦剌部所俘，朝廷赔款求和。这件事情在王守仁幼小的心中留下了巨大的阴影。他发誓一定要学好兵法，为国效忠。15 岁时，他屡次上书皇帝，献策平定农民起义，未果。同年，他出游居庸关、山海关一月之久，那时他已经有了经略四方之志。

王阳明一生历任刑部主事、兵部主事、贵州龙场驿丞、庐陵知县、右佥都御史、南赣巡抚、两广总督等职，晚年官至南京兵部尚书、都察院左都御史。明武宗正德元年（1506 年）冬，宦官刘瑾擅政，并逮捕南京给事中御史戴铣等二十余人。王守仁上疏论救，触怒刘瑾，被杖四十，贬至贵州龙场。正德十三年（1518 年），王守仁恩威并施，平定了江西数十年的民变祸乱。正德十四年（1519 年），王阳明在鄱阳湖中仿效赤壁之战，平定了洪都的宁王朱宸濠之乱。后又平定西南部的思恩、田州叛乱和断藤峡盗贼。嘉靖七年十一月二十九日（1529 年 1 月 9 日）卯时，王守仁病逝于江西南安府大庚县青龙港（今江西省大余县境内）舟中。临终之际，弟子问他有何遗言，他说："此心光明，亦复何言!"丧过江西境内，军民都穿着麻衣哭送。后人又称他为"王文成公"（谥号）。日本名将东乡平八郎曾说："一生俯首拜阳明。"

王阳明不仅是伟大的思想家，还是书法家，徐渭将他与王羲之相提并论，说王羲之"以其书掩其人"，王阳明则是"以其人掩其书"。同时，作为军事家，他更是创造了"一生没有战败"的奇迹，因此一生事功也是赫赫有名，被称为"真三不朽"（《左传·襄公二十四年》："大上有立德，其次有立功，其次有立言，虽久不废，此之谓不朽。"）。从其学术思想的影响力而言，阳明心学在中国、日本、朝鲜以及东南亚国家乃至全球都有重要而深远的影响。

王守仁作为心学集大成者，与孔子、孟子、朱熹并称为孔、孟、朱、王。王守仁的学说（阳明学）是明代影响最大的哲学思想流派之一，其学说不仅在中国流传，也传至日本、朝鲜以及东南亚等地。王守仁弟子极众，世称姚江学派。王守仁文章博大昌达，行墨间有俊爽之气。纵观王守仁一生的经历，受到道家的影响明显多于佛家，但其终究不离儒学本质。他虽然继承陆九渊所强调的"心即理"之思想，但是他的心学（心外无物、心外无理）主张并非是说宇宙万物来源于心，而是说独立于人心的外物对人是没有意义的，另一层意思是没有了人心的灵明，天地万物便无法呈现它的意义。

王守仁反对程颐、朱熹通过事事物物追求"至理"的"格物致知"方法，因为事理无穷无尽，格之未免烦累，故他提倡"致良知"，从自己内心中去寻找"理"，"理"全在人"心"，"理"化生宇宙天地万物，人秉其秀气，故人心自秉其精要。在知与行的关系上，他强调不仅要知更要行，知中有行，行中有知，所谓"知行合一"，二者互为表里，不可分离。知必然要表现为行，不行则不能算真知。

张岱评价王阳明为"阳明先生创良知之说，为暗室一炬"。余秋雨对王阳明的评价也非常之高，他说："中国历史上能文能武的人很多，但在两方面都臻于极致的却廖若晨星……好像一切都要等到王阳明的出现，才能让奇迹真正产生……王阳明一直被人们诟病的哲学在我看来是中华民族智能发展史上的一大成就。"

知行合一提出的背景

知、行是中国传统哲学的重要范畴，其始于《尚书》与《左传》，《尚书》有"非知之艰，行之惟艰”之说，《左传》有“非知之实难，将在行之”之说。“知”指认知或良知，“行”指行为、行动。汉代以后、北宋建立之前，儒学受到佛老二教的冲击，在社会底层至上层的影响力都比汉代减弱许多，因而在两宋时期，大儒们一方面反佛老而重振儒家，一方面亦希望为天下建立一套道德规范。知行问题正是儒家道德规范的核心。

后来，针对“假道学”“伪君子”等屡见不鲜的社会现象，朱熹提出“论先后，知为先；论轻重，行为重”之说，即认为人在良知、圣人之言中的道德认识是容易的，不过之后的道德践履才是重点。朱熹还比喻说：“知行常相须，如目无足不行，足无目不见。”与朱熹同时期的陆九渊有“心即理”的学说，他针对当时的读书人满口“之乎者也”而不去道德践履的现象，提出了“尊德性”是主、“道问学”是次的观点。在朱熹看来，“尊德性”与“道问学”是平衡的。

朱熹去世后，他的学说才被朝廷推崇，在元、明、清三代更是被誉为圣人。与此同时，朱熹的知行观在现实中给了人们这样的借口：我知得不够，所以还不能行，等我的知足够了再行。对此，明代思想家陈献章指出：“圣贤垂世立教之所寓者，书也。用不用者，心也。”这就是说，人心是根本，知而不行，阅读再多的圣贤书也是白读。他的“道通于物”的学说，既指无形的道需要通过有形的物表现出来，又指“知”——道德认识需要通过道德践履表现出来。

王阳明在龙场悟道之后，非常深切地了解到了生命的真相，是一种苦思后的彻悟。王阳明认为心灵态度决定了一个人的行为方式、世界观。从此他与朱熹学说分道扬镳，建立了心学体系的开端。明武宗正德三年（1508 年），王守仁在贵阳文明书院讲学，首次提出知行合一说。知行合一说主要针对朱学而发，与朱熹的思想对立。他反对程朱理学的“知先行后”说以及由此而造成的重知轻行、“徒悬空口耳讲说”的学风。王阳明提倡知行合一正是为了纠朱学之偏。

知行合一的内涵

所谓“知行合一”，不是一般的认识和实践的关系。“知”，主要指人的道德意识和思想意念；“行”，主要指人的道德践履和实际行动。因此，知行关系，就是指道德意识和道德践履的关系，也包括思想意念和实际行动的关系。对于知而不行的时弊，王守仁有这样一段一针见血的话：“今人却将知行分作两件去做，以为必先知了，然后能行，我如今且去讲习讨论做知的功夫，待知得真了方去做行的功夫，故遂终身不行，亦遂终身不知。此不是小病痛，其来已非一日矣。某今说个知行合一，正是对病的药。又不是某凿空杜撰，知行本体原是如此。”他认为，“真知即所以为行，不行不足谓之知”，“知是行之始，行是知之成”，又强调“圣学只是一个功夫，知行不可分作两事”。王守仁把执行范畴中的知理解为良知，认为圣学功夫即致良知。

知行合一思想包括以下两层意思：

第一，知中有行，行中有知。王守仁认为知行是一回事，不能分为“两截”。知行原是两个字，说一个功夫。从道德教育上看，王守仁极力反对道德教育上的知行脱节及“知而不行”，突出地把一切道德归于个体的自觉行动，这是有积极意义的。因为从道德教育上看，道德意识离不开道德行为，道德行为也离不开道德意识，二者互为表里，不可分离。知必然要表现为行，不行不能算真知，即道德认识和道德意识必然表现为道德行为，如果不去行动，不能算是真知。王守仁认为：“良知，无不行，而自觉的行，也就是知。”这无疑是有其深刻之处的。

第二，以知为行，知决定行。王守仁说：“知是行的主意，行是知的功夫；知是行之始，行是知之成。”意思是说，道德是人行为的指导思想，按照道德的要求去行动是达到“良知”的功夫。在道德指导下产生的意念活动是行为的开始，符合道德规范要求的行为是“良知”的完成。

王守仁的知行合一学说既不同于朱熹，也不同于陆九渊。朱陆都主张知先行后，阳明先生则主张求理于吾心。他说：“知是行的主意，行是知的功夫；知是行之始，行是知之成。只说一个知，已自有行在；只说一个行，已自有知在。”知行是一个功夫的两面，知中有行，行中有知，二者不能分离，也没有先后。与行相分离的知，不是真知，而是妄想；与知相分离的行，不是笃行，而是冥行。他提出知行合一，一方面强调道德意识的自觉性，要求人在内在精神上下功夫；另一方面也重视道德的实践性，指出人要在事上磨炼，要言行一致，表里一致。他强调意识作用的结果，认为一念发动处即是行。他提倡知行合一的根本目的，是为了克服“一念不善”。不难发现，王阳明主要强调内心“省察克治”的重要性。

致良知

“良知”一词语出《孟子·尽心上》：“人之所不学而能者，其良能也；所不虑而知者，其良知也。”王守仁认为，“致知”就是致吾心内在的良知。这里所说的“良知”，既是道德意识，也指最高本体。他认为，良知人人具有，个个自足，是一种不假外力的内在力量。无独有偶，印度哲学家克里希那穆提曾经说过一段很相似的话：“心若是能完整地觉知，保持警醒和警觉，就没有所谓的善恶之分了，存在的只有完全觉醒的状态。这样良善就不再是一种质量或美德，而是爱的真实示现。爱如果示现出来，就没有所谓的善或恶了。”这段话与良知和良能的说法具有异曲同工之妙，与佛教所讲的“觉有情”也非常相近。

“致良知”就是将良知推广扩充到事事物物的过程。“致”本身即是兼知兼行的过程，因而也就是自觉致知与推致“知行合一”的过程，“致良知”也就是“知行合一”。“良知”是“知是知非”的“知”，“致”是在事上磨炼，见诸客观实际。“致良知”即是在实际行动中实现良知，知行合一。“致良知”是王守仁心学的本体论与修养论直接统一的表现。

王阳明的“致良知”思想有其产生的深刻根源。据其弟子王畿记载他的一段话：“自幼即有志于圣人之学。盖尝泛滥于辞章，驰骋于才能，渐渍于老释，已乃折衷于群儒之言，参互演绎，求之有年，而未得其要。及居夷三载，动忍增益，始超然有悟于‘良知’之旨。”从这里可以看出，王阳明“致良知”思想的形成与明代的佛、老文化及儒家学术有密切关系。一方面，他在文化观上受到佛、老文化精神，尤其是其哲学层面的影响；另一方面，他又对佛、老文化的一些危害也较之纯儒学者有更切身的体验与认识："圣人之学日远日晦，而功利之习愈趋愈下。其间虽尝瞽惑于佛、老，而佛、老之说卒亦未能有以胜其功利之心；虽又尝折衷于群儒，而群儒之论终亦未能有以破其功利之见。盖至于今，功利之毒沦浃于人之心髓，而习以成性也几千年矣。"（《传习录・答顾东桥书》）王阳明既能吸收佛、老文化之可用之处，又能避其不足，使自己的"致良知"思想显现批判之功。

王阳明借用的"良知"一词，在用意上和孟子学说相通，但又指出"良知即天理"，这无疑是对孟子学说的发展。同时他把《大学》里的"致知"结合进来，遂诞生了自成一家的"致良知"一说。一般而言，宋明理学在讨论人的本质问题时，往往以"未发之中"来说明人性中先验的"天理"存在，本体是至善至美的，而教育应当恢复人的本性。王阳明则认为"至善是心之本体"，本体上无须用功，"良知之外，岂复有加于毫末乎?""良知是天理之昭明灵觉处，故良知即是天理。"这样，他从理论上以"良知"一元论否定了宋儒的"德性之知"和"闻见之知"的二元论，否定了在"人心"中存在"天理"与"人欲"本然对立的观点，而把现实的个体人视作健康的、可以进步的教育对象。他认为"致良知"是要人发展良知，而不是教人在"良知"这个"体"上用功，需在"体之用"上用功，也就是在"良知发用流行"中用功，旨在教育人根据自己的道德理性来按"天理"行事，"致吾心良知之'天理'于事事物物也"，使"事事物物皆得其理"。

如果说朱熹教育人的主张是从外在客观之理的认识再到自我身心修养的话，那么王阳明的"致良知"思想则是教育人将内在道德理性的觉悟作用于外在的道德知行。他说："尔那一点良知，是尔自家底准则，尔意念着处，他是便知是，非便知非，更瞒他一些不得。尔只不要欺他，实实落落依着他做去，善便存，恶便去，他这里何等稳当快乐。此便是格物的真诀，致知的实功。"王阳明通过体用关系，把良知与人的日常行为联系起来，使它有了社会伦理的基础。他的"致良知"思想，究其意在于使教育成为实实在在的道德教化，让人们放弃以科举为目的的"功利之心"，在知行过程中切实把培养个人的道德理性自觉放在首位，然后按照"吾心之良知"的"发用流行"去做人做事，不使自己成为仅是"道学模样"的"痴呆汉"。

良知人人有，关键在于谁能保持、谁能实践不已。孟子说："非独贤者有是心也，人皆有之，贤者能勿丧耳。"人人都禀有天命之性，只是体现的程度不同，圣人就是完全体现了天命之性的人。王阳明《传习录》里有如下的话语："良知者，心之本体""心者，身之主也，而心之虚灵明觉，即所谓本然之良知也""夫良知即是道，良知之在人心，不但圣贤，虽常人亦无不如此。若无有物欲牵蔽，但循着良知发用流行将去，即无不是道。"

王阳明"致良知"思想的形成，与当时的理学日益走入死板僵化、空疏无用，学风和士风江河日下不无关系。理学自元代以后就成为思想统治工具，被列入科举考试内容范围。明成祖时，撰《五经大全》《性理大全》《四书大全》之类的钦定教科书，致使儒生除研读此类书外别无学术可言，故形成"此亦述朱，彼亦述朱"的僵化局面。读书人终身只事于辞章训诂，磨勘八股，才识之士亦"相矜以知，相轧以势，相争以利，相高以技能，相取以声誉"。辞章训诂和八股举业不能培育经世致用的人才，理学衰落，学术生命委顿，士风衰薄，以致朝无能臣、国无治吏。目睹此情此景，王阳明极力倡导躬行实践，以矫正士林中读书与德行脱离的“失德”行为，进而逐步形成了旨在匡正这种不良治学之风和学术氛围的“致良知”思想。

王阳明认为：“凡看经书，要在致吾之良知，取其有益于学而已，则千经万典，颠倒纵横，皆为我之所用。一涉拘执比拟，则反为所缚。虽或特见妙诣，开发之益一时不无，而意必之见流注潜伏，盖有反为良知障蔽而不自知觉者矣。”学习儒家经典是为了致良知，是取其有益的东西来发展良知。因此，要让经书为己所用，而不要让自己成为经书的奴隶。而通过学习经典来发展良知，就须依着“吾之良知”的“天理”独立思考，得独立见解。“夫学贵得之心，求之于心而非也，虽其言之出于孔子，不敢以为是也，而况其未及孔子者乎！求之于心而是也，虽其言之出于庸常，不敢以为非也，而况其出于孔子者乎！”因此，“致良知”不必迷信圣贤和经典，不必在权威面前屈己从人，“舍心外求”。“天下古今圣愚之所同具”者是“吾心之良知”，经典所揭示的“天理”亦即“吾心良知之天理”，“心外无学”，经典不过是我心之注脚而已。以“吾心之良知”去“臆断”经义，无须拘泥后儒的成见，因为“自己良知，原与圣人一般，若体认自己良知明白，即圣人气象不在圣人而在我矣”。他还说：“义理无定在，无穷尽。”圣人述经均因其有助于当时的补偏救弊，并没有也不可能穷尽义理，后人学习经典是必要的，但不可死守其章句。

他指出：“人心天理浑然，圣贤笔之书，如写真传神，不过示人以形状大略，使之因此而讨求其真耳。”“经学即心学”，人们要本于“吾心之良知”去发展和应用“达道”，有所作为与创造。“周公制礼作乐以文天下，皆圣人所能为，尧、舜何不尽为之而待于周公？孔子删述六经以昭万世，亦圣人所能为，周公何不先为之而有待于孔子？是知圣人遇此时，方有此事。”这就打破了长期以来的经学神秘感和圣人权威性，大胆肯定了学习者的独立思考、自我判断选择等能力，强调了个体自由的作用。这些深刻见解，表现出强烈的反传统和尊重个性的战斗精神，对于社会思想和学术空气的活跃，对于冲破程朱理学主流思想的禁锢和自我个性发展有重要的启蒙作用。

晚年，王阳明的“四句教”可以说是他一生学问的精义。这四句是“无善无恶是心之体”“有善有恶是意之动”“知善知恶是良知”“为善去恶是格物”。

第一句“无善无恶是心之体”，指心的本体，是真心、是性，也是天。发之于外，成万事万物、显喜怒哀乐；证之于内，自然了知它原本不生亦不灭、不来亦不去、无善亦无恶。

第二句“有善有恶是意之动”。这里的“意”有两重意思，需要辨明。“意”的第一重含义是真心的显现妙用，所谓“感而遂通”。《中庸》讲天下至诚，《大学》讲诚意。“意”的第二重含义是私心妄念。在佛教，则有眼耳鼻舌身意等六根。对圣人而言，这个“意”在本体上是无善无恶的，在起用上是有善有恶的。虽有随境起用，而其真心实未有动；虽随顺世间一切喜怒哀乐，但不以私心而生爱恨分别。对俗人而言，因私欲遮蔽真心而起执着分别，随着现象世界颠倒追逐。

第三句“知善知恶是良知”，是指心体的作用。阳明先生以“致良知”立论，曰：“知是心之本体，心自然会知。见父自然知孝，见兄自然知弟，见孺子入井自然知恻隐，此便是良知，不假外求。若良知之发，更无私意障碍，即所谓‘充其恻隐之心，而仁不可胜用矣’。”

第四句“为善去恶是格物”，是说接下来做功夫，也就是“致良知”的方法途径。因为人的良知恒在，所以要为善去恶、去私存公，以恢复良知的觉悟。

钱穆先生曾经这样评价王阳明思想的价值："他以一种全新的方式解决了宋儒留下的'万物一体'和'变化气质'的问题……良知既是人心又是天理，能把心与物、知与行统一起来。"

链接阅读：《传习录》摘句

爱问："至善只求诸心。恐于天下事理有不能尽。"

先生曰："心即理也。天下又有心外之事、心外之理乎？"

爱曰："如事父之孝，事君之忠，交友之信，治民之仁，其间有许多理在，恐亦不可不察。"

先生叹曰："此说之蔽久矣，岂一语所能悟？今姑就所问者言之。且如事父，不成去父上求个孝的理；事君，不成去君上求个忠的理；交友、治民，不成去友上、民上求个信与仁的理。都只在此心。心即理也。此心无私欲之蔽，即是天理，不须外面添一分。以此纯乎天理之心，发之事父便是孝，发之事君便是忠，发之交友治民便是信与仁。只在此心去人欲存天理上用功便是。"

爱曰："闻先生如此说，爱已觉有省悟处。但旧说缠于胸中，尚有未脱然者。如事父一事，其间温凊定省之类，有许多节目，不知亦须讲求否？"

先生曰："如何不讲求？只是有个头脑，只是就此心去人欲、存天理上讲求。就如讲求冬温，也只是要尽此心之孝，恐怕有一毫人欲间杂；讲求夏凊，也只是要尽此心之孝，恐怕有一毫人欲间杂；只是讲求得此心。此心若无人欲，纯是天理，是个诚于孝亲的心，冬时自然思量父母的寒，便自要去求个温的道理；夏时自然思量父的热，便自要去求个凊的道理。这都是那诚孝的心发出来的条件。却是须有这诚孝的心，然后有这条件发出来。譬之树木，这诚孝的心便是根，许多条件便是枝叶，须先有根，然后有枝叶，不是先寻了枝叶然后去种根。《礼记》言：'孝子之有深爱者，必有和气。有和气者，必有愉色。有愉色者，必有婉容。'须是有个深爱做根，便自然如此。"

——《徐爱引言》

问立志。

先生曰："只念念要存天理，即是立志。能不忘乎此，久则自然心中凝聚，犹道家所谓'结圣胎'也。此天理之念常存，驯至于美大圣神，亦只从此一念存养扩充去耳。"

问："看书不能明如何？"

先生曰："此只是在文义上穿求，故不明。如此，又不如为旧时学问，他到看得多，解得去。只是他为学虽极解得明晓，亦终身无得。须于心体上用功，凡明不得，行不去，须反在自心上体当，即可通。盖四书、五经不过说这心体，这心体即所谓'道心'。体明即是道明，更无二。此是为学头脑处。"

——《门人陆澄录》

澄问："有人夜怕鬼者，奈何？"

先生曰：“只是平日不能‘集义’，而心有所慊，故怕。若素行合于神明，何怕之有？”

子莘曰：“正直之鬼不须怕；恐邪鬼不管人善恶，故未免怕。”

先生曰：“岂有邪鬼能迷正人乎？只此一怕，即是心邪，故有迷之者，非鬼迷也，心自迷耳。如人好色，即是色鬼迷；好货，即是货鬼迷；怒所不当怒，是怒鬼迷；惧所不当惧，是惧鬼迷也。”

——《门人陆澄录》

问：“心要逐物。如何则可？”

先生曰：“人君端拱清穆，六卿分职，天下乃治。心统五官，亦要如此。今眼要视时，心便逐在色上；耳要听时，心便逐在声上。如人君要选官时，便自去坐在吏部；要调军时，便自去坐在兵部。如此，岂惟失却君体，六卿亦皆不得其职。”

——《门人陆澄录》

一友问：“读书不记得，如何？”

先生曰：“只要晓得，如何要记得？要晓得已是落第二义了，只要明得自家本体。若徒要记得，便不晓得；若徒要晓得，便明不得自家的本体。”

——《门人黄省曾录》

先生曰：“孟子不动心与告子不动心，所异只在毫厘间。告子只在不动心上着功，孟子便直从此心原不动处分晓。心之本体原是不动的，只为所行有不合义便动了。孟子不论心之动与不动，只是‘集义’，所行无不是义，此心自然无可动处。若告子只要此心不动，便是把捉此心，将他生生不息之根反阻挠了。此非徒无益，而又害之。孟子‘集义’工夫，自是养得充满，并无馁歉，自是纵横自在，活泼泼地，此便是浩然之气。”

——《门人黄省曾录》

朱本思问：“人有虚灵，方有良知。若草木瓦石之类，亦有良知否？”

先生曰：“人的良知，就是草木瓦石的良知。若草木瓦石无人的良知，不可以为草木瓦石矣。岂惟草木瓦石为然？天地无人的良知，亦不可为天地矣。盖天地万物与人原是一体，其发窍之最精处，是人心一点灵明。风雨露雷，日月星辰，禽兽草木，山川土石，与人原只一体。故五谷禽兽之类皆可以养人，药石之类皆可以疗疾。只为同此一气，故能相通耳。”

——《门人黄省曾录》

第十堂课 君子人格

提　要

1. 君子到底是怎样的人？
2. 今天这个时代，做君子是不是会吃亏？
3. 做君子，要怎样去做？

君子是中国人的理想人格模式

生活中，我们常说某人是“君子”，某人是“小人”，那么“君子”一词是如何发展演变而来的呢？

君子最早是指贵族，这是就其社会地位而言的。西周时，贵族通常有教养、有德行，凡君子必须要有德，可以说是有位而有德。随着贵族精神的衰败，春秋末期孔子对君子含义进行了创造性转化和诠释，突出了“德行修养”，主张凡有德者皆称“君子”，可以说是有德而有位。君子人格从此成为儒家的理想人格，君子也成为社会的精英分子和中流砥柱。

余英时先生指出，“君子”一词逐渐从身份地位的概念取得道德品质的内涵是一个长期演变的过程。这个过程大概在孔子以前早已开始，但完成却是在孔子的手里。西周末年，贵族走向衰落导致君子的名与实产生分离，原本是以贵族为内涵的“君子”称号逐渐丧失；同时，血缘政治向地缘政治转变，人的自我意识开始觉醒，社会经济与政治结构的变迁使人们衡量事物的尺度也发生了相应的变化。

时至孔子，孔子提出以品格为标准的“君子”，确立了以道德理想为目标的儒家人格，从此，君子成为一种道德标尺。人们开始普遍地称呼那些有德之士为“君子”，这一概念成为一切人都可追求的完美理想，而不再限定于特定身份、阶级的世袭沿用。

论君子，《易经》中的两句话最为有名，影响也最大，早已成为中国人人格的最高境界，那就是："天行健，君子以自强不息；地势坤，君子以厚德载物。"就是说，君子当以自强不息之精神对待人生、对待一切事物，同时君子当以深厚的道德品行、纳含万物之心胸、默默无私之精神去对待、承载生活中的一切荣辱、福德与艰难。这种观念与精神，于国家、民族的生存，个人的安身立命都有着极其重要的意义。

由此，这种称谓一直延续到现代。人格的高尚与卑鄙，成为中国人衡量、评价一个人的主要标准，成为君子与小人的本质分野。如果一个人品德高尚，有仁爱之心、有良好的文化修养与超人的智慧，人们就会为之戴上君子的桂冠。而如果一个人唯利是图、不择手段、不讲道德、陷害忠良，人们就会称之为势利小人、卑鄙小人。1914年，梁启超在清华学堂做了一个著名的演讲，题目就叫《君子》，他以"自强不息，厚德载物"勉励学子们养成君子人格。

文化人类学认为，一切文化的核心机密是集体人格，而中华文化的理想人格就是君子之道。君子之道于中国，有如骑士精神于欧洲，武士道于日本。一个中国人不了解君子之道，就无法讲清楚自己是谁。谈及如何复兴中华文化的时候，余秋雨给出的解答，就是要寻找和优化中国人的集体人格。只有越来越多的人愿意追求君子之道，中国人的灵魂才会找到故乡，这也是建立现代社会和谐文明的秩序、重塑国民性格必不可少的条件。

中国文化的钥匙也在其中。了解君子之道，是在追踪中国人的精神家园和人格世界的底蕴。君子到底是怎样的人？君子与小人的根本区别表现在哪些方面？君子是如何炼成养成的？我们不妨从下面的原典条目中寻找答案。

论述君子最多、最集中的当首推孔子，这在《论语》中多有提及。

关于君子的言与行

> 子贡问君子。子曰："先行其言，而后从之。"
>
> ——《论语·为政》

子贡问孔子怎样才算是君子。孔子说，"先实践所要说的话，然后再把话说出来"。

> 君子耻其言而过其行。
>
> ——《论语·宪问》

君子对说大话做小事或者说空话不做事的行为感到羞耻。

> 君子欲讷于言，而敏于行。
>
> ——《论语·里仁》

君子说话要谨慎，而行动要敏捷。

> 子曰："君子惠而不费，劳而不怨，欲而不贪，泰而不骄，威而不猛。"
>
> ——《论语·尧曰》

君子给人以恩惠自己却不需什么耗费，役使老百姓却不会让老百姓心存怨恨，有欲望却不贪心，泰然自若却不骄傲，威严却不凶猛。

君子之过也，如日月之食焉：过也，人皆见之；更也，人皆仰之。

——《论语·子张》

君子的过错，如同日蚀月蚀：他犯了过错，人们都看得见；他改正了错误，人人都能敬仰他。

关于君子的外在

君子不重则不威；学则不固。

——《论语·学而》

一个人若不自重、不庄重，就缺乏威严。

君子坦荡荡，小人长戚戚。

——《论语·述而》

君子心胸宽广，思想上坦率洁净，外貌动作也显得十分舒畅安定。小人心里欲念很多，心理负担很重，就常常忧虑、担心，所以从外貌、动作上也显得忐忑不安，坐立不宁。

文质彬彬，然后君子。

——《论语·雍也》

质朴和文采配合适当，这才是一个君子。

关于君子的律己宽人

君子病无能焉，不病人之不己知也。

——《论语·卫灵公》

君子只担心自己能力不足，不会担心别人不赏识、不了解自己。

人不知而不愠，不亦君子乎？

——《论语·学而》

别人对我不了解、不理解，我并不生气，与不明智的人相处，我也不烦恼。

君子求诸己，小人求诸人。

——《论语·卫灵公》

君子遇事反躬自问，严格要求自己；小人遇事怨天尤人，苛求他人。

君子修己以敬。

——《论语·宪问》

君子注重修养自己，始终保持严肃恭敬的态度。

君子义以为质，礼以行之，孙以出之，信以成之。君子哉！

——《论语·卫灵公》

以义作为根本，用礼加以推行，用谦逊的语言来表达，用忠诚的态度来完成，这就是君子了。

君子无终食之间违仁，造次必于是，颠沛必于是。

——《论语·里仁》

君子连吃饭时也不违背仁德，急遽紧迫之时、颠沛流离之际也一定要实行仁德。

君子有三戒：少之时，血气未定，戒之在色；及其壮也，血气方刚，戒之在斗；及其老也，血气既衰，戒之在得。

——《论语·季氏》

君子有三种事情应引以为戒：年少的时候，血气还不成熟，要戒除对美色的迷恋；等到青壮年阶段，血气方刚，要戒除与人争斗；等到老年，血气已经衰弱了，要谨防贪得无厌。

君子戒慎乎其所不睹，恐惧乎其所不闻。莫见乎隐，莫显乎微，故君子慎其独也。

——《礼记·中庸》

君子在独处之时，在无人看见的地方更要警惕谨慎，在无人听到的时候要格外戒惧，因为一个人不正当的情欲容易在别人看不到的地方表现出来，不好的意念在细微之时容易显露出来，所以君子要更严格要求自己，防微杜渐。

关于君子的交友观

君子矜而不争，群而不党。

——《论语·卫灵公》

君子庄重而不与别人争执，合群而不结党营私。

君子和而不同，小人同而不和。

——《论语·子路》

君子在人际交往中能够与他人保持一种和谐友善的关系，但在对具体问题的看法上却不必苟同于对方。小人习惯于在对问题的看法上迎合别人的心理、附和别人的言论，但在内心深处却并不抱有一种和谐友善的态度。

君子周而不比，小人比而不周。

——《论语·为政》

君子团结但是不搞帮派，待人一视同仁；小人为了私利而搞帮派，但不是真的团结。

君子成人之美，不成人之恶，小人反是。

——《论语·颜渊》

君子通常成全他人的好事，不破坏别人的事，也不帮别人做坏事，而小人却与之完全相反。

关于君子的义利观

君子怀刑，小人怀惠。

——《论语·里仁》

君子乐于法制齐民，常心系法度的遵行，小人唯利是亲，故只在意利益的获得。

君子喻于义，小人喻于利。

——《论语·里仁》

君子看重义，小人看重利。与君子谈事情，他们只问道德上该不该做；跟小人谈事情，他们只是想到有没有利可图。

君子上达，小人下达。

——《论语·宪问》

君子识大体、明大义，正道直行；小人认同世俗的人生规则，甚至不惜蝇营狗苟。

关于君子的敬畏观

君子有三畏：畏天命、畏大人、畏圣人之言。

——《论语·季氏》

君子有三种敬畏：敬畏天命，敬畏地位高、德行高的人（古人认为有德者才有位），敬畏圣人的话。

关于君子的德行起点

有子曰："其为人也孝弟，而好犯上者，鲜矣！不好犯上，而好作乱者，未之有也。君子务本，本立而道生。孝弟也者，其为仁之本与！"

——《论语·学而》

有子说："人如果很孝顺父母而又尊敬兄长，很少是喜好犯上的；不喜好犯上，而喜好作乱的，更是从来没有过的事。君子应该以做人之道为本，只有根本确立了，人间的道德才会产生。讲究孝顺忠悌，这就是做人的根本啊。"

关于君子的人生选择

君子固穷，小人穷斯滥矣。

——《论语·卫灵公》

君子能够安守困境，在困境中也不失自己为人处世的准则；小人在困境、逆境中都会胡作非为。

君子不器。

——《论语·为政》

一种解释为：君子不像器具那样，作用仅仅限于某一方面，用于赞美君子多才多艺。

另一种解释为：真正有能力的人不会去做具体的事情，知识分子的最高使命是价值的承担者，而非仅关注“术”——做一个专业技术人员。

君子怀德，小人怀土，君子怀刑，小人怀惠。

——《论语·里仁》

君子每天牵挂的是自己的道德，关心自己道德修养的提升，而小人每天惦记自己家的房子、自己的一亩三分地。君子从来是尊重法制和国家的规矩、尺度的，所以心中始终有一份不得超越的敬畏，但小人在意的是小恩小惠、钻小空子、占小便宜这样的事情。

君子之德，风；小人之德，草；草上之风，必偃。

——《论语·颜渊》

君子的德行就像风，小人的德行就像草。风向哪边吹，草就跟着向哪边倒。

君子中庸，小人反中庸。

——《礼记·中庸》

君子随时做到适中，无过无不及；小人则会违背中庸，肆无忌惮、专走极端。

子贡曰：“君子亦有恶乎？”子曰：“有恶，恶称人之恶者，恶居下流而讪上者，恶勇而无礼者，恶果敢而窒者。”曰：“赐也亦有恶乎？”“恶徼以为知者，恶不孙以为勇者，恶讦以为直者。”

——《论语·阳货》

这段讲的是“君子七恶”。子贡说：“君子也有厌恶的吗？”孔子说：“有厌恶的。厌恶宣扬别人坏处的人，厌恶身居下位而诽谤上位的人，厌恶勇敢却不讲礼仪的人，厌恶果敢却顽固不化的人。”孔子又说：“赐，你也有厌恶的吗？”子贡回答说：“我厌恶抄袭了别人却当作自己东西的人，厌恶不谦虚却以为自己很勇敢的人，厌恶揭发别人短处却以为自己很正直的人。”

子曰：“君子道者三，我无能焉：仁者不忧，知者不惑，勇者不惧。”子贡曰：“夫子自道也。”

——《论语·宪问》

这段讲的是“君子三达德”。孔子说：“君子之道有三个方面，我都未能做到：仁德的人不忧愁，聪明的人不迷惑，勇敢的人不畏惧。”子贡说：这正是对老师的自我描述啊！“三达德”在人与人的关系中体现为：仁者不忧，即君子求诸己，不忧不怨；知者不惑，爱人的前提是知人，了解人性，可以换位思考；勇者不惧，当一个人能不局限于小我，便可以在大爱中升华自己，获得更大的能量。

如何培养君子人格

古圣先贤对培养君子人格的问题做了诸多论述，其中在“四书”中阐述尤为集中和深刻。儒家强调“成人”，即让人成为真正意义上的社会人、道德人、文明人。而成人的重要标准就是培养君子人格。当然，在君子之上，儒家还提倡“希圣希贤”。但对于普通人而言，君子人格无疑更具普遍意义。孔子曾经简洁地表述他对培养君子人格的认识：“志于道，据于德，依于仁，游于艺。”

志于道。道，在中国传统文化中居于崇高位置。所谓道，可以理解为追求的理想、内心的信念。志于道，就是要树立高远的志向。唯有如此，才能赋予生命意义。君子所追求和关切的就是道，“谋道不谋食”“忧道不忧贫”。孔子说：“三军可夺帅也，匹夫不可夺志也。”孟子主张士人的根本任务就是“尚志”。纵观历史，凡是有所成就的人，无不是胸怀大志、心中有坚定信念之人。有些人尽管头脑聪明、颇具才华，却因丧失志向、迷失方向，致使一生碌碌无为。培养君子人格，首先应着眼于人的志存高远。

据于德。据是依据、凭借的意思。据于德，就是以德树人。“国无德不兴，人无德不立。”在中国传统文化中，德和道是密不可分的：“夫道者，所以明德也。德者，所以尊道也。”德是源于道的东西，是人之所以为人的根本所在。儒家强调“人禽之辨”，就是要人明晰人之所以为人的根本所在，认为人丧失了道德就无异于禽兽。《孟子·滕文公上》讲：“人之有道也，饱食、暖衣、逸居而无教，则近于禽兽。”意思是在人具备了生存和生活的基本条件之后，必须加强道德教化，使人知道并实践伦理规范、道德义务。现今很多人在物质的诱惑下忽视了道德修养。培养君子人格，必须要用道德滋润自己的心灵。

依于仁。仁是儒家思想的核心，《中庸》说：“仁者，人也。”仁可以被视为人的本质所在。大体言之，仁包含两个层面：一是自省，二是爱人。因此，依于仁，就是指人应该以自爱之心反省自己、以仁爱之心对待他人。自我反省就是将心向内关照，反思自身的不足。学会自我反省是一个人成熟的标志、进步的基石。同时，儒家认为人天然地生活于社会关系之中，作为人，就应该做到爱人。爱人的起点在于孝亲，然后以同心圆的形式外推，亲亲而仁民，仁民而爱物，实现人的身心和谐、人际和谐乃至天人和谐。如今社会很多人丧失了爱的能力，因此确立“居仁由义”“仁以为己任”的人生信念，将其作为培养君子人格的重要途径。

游于艺。艺在古代指“六艺”，即礼、乐、射、御、书、数，如今可以泛指各种艺术、技艺。孔子用了一个“游”字，意味着这种过程是轻松活泼的。有人误以为儒家过于严肃呆板，缺乏轻松活泼的一面。其实，儒家倡导的生活与生命也有丰富多彩的一面，主张在艺术中陶冶性情。士人君子很多都是浸染于琴棋书画的世界，体悟生命的色彩。而如今人们往往重视实用技术的训练，漠视艺术的修为、情操的陶冶。总之培养君子人格，并非依靠简单的说教，而是将道、德、仁、艺等完美结合起来。

君子精神、君子风范的现实意义

君子精神、君子风范还适用于当今社会吗？其中有哪些是依然可以利用的精神资源？对当代中国的发展有哪些积极的作用？

当今的中国正处于新旧体制的转型期，40 年的改革开放使中国发生了翻天覆地的变化，人们的信仰、道德与价值观念也发生了巨大的变化。在 21 世纪新的社会背景下，如何重构国民的道德与价值观念，增强中华民族的凝聚力和创造力，对于国家与每一个国民都是现实和重要的课题。塑造国民的道德观与价值观，既要符合世界文明的发展趋势，又不能脱离中国的文化传统与背景。而大力弘扬君子精神与风范——这深植于几千年中华文明土壤中的宝贵财富，对于提升国民的精神境界以及人格的完善、构建和谐社会、实现中华民族的伟大复兴，具有重大的现实与历史意义。

第一，君子人格中自强不息的乐观进取精神有利于我们积极入世，践行人的使命和责任。君子反对消极无为，提倡自强不息、刚健有为。“知其不可而为之”的奋斗精神，“天行健，君子以自强不息”的进取意识，与市场经济主体所需要的精神品质是相通的。市场经济要求经营主体必须有一种勤奋进取的精神和坚韧不拔的毅力。

第二，君子人格中的“仁爱”思想，有助于弥补社会撕裂，加强当代不同阶层、群体的合作关系，有利于和谐社会的建设。“仁”既是道德范畴的核心，又是一种人我关系的准则，而且还是一种崇高的精神境界。君子以“仁”为核心，“推己及人”“己欲立而立人，己欲达而达人”“己所不欲，勿施于人”，这其中就包含着某种人与人互助的内涵。近些年来，社会生活的很多方面出现了利益、观念、心理等冲突，加上市场经济对于人的物化的负面作用，人际关系中的不和谐因素日渐增多，见死不救、见利忘义的现象也频频出现。在全社会倡导仁爱思想，并将此作为人之为人的最起码的处世道德原则时，君子人格中的“仁爱”思想无疑对促进社会和谐具有不可忽视的价值和作用。

第三，君子重义轻利、先义后利、义利统一、追求高尚人格的价值观，有助于从社会心理上遏止“金钱至上”思想的滋长蔓延，提升人们的精神需求与精神境界。随着经济的发展和人们收入的提高，社会上追逐金钱财富、沽名钓誉、崇尚享乐的物质实用主义和名利思潮冲击着现代人的观念与生活，由此出现了道德滑坡、人格沦丧等一些社会现象，一些人沦落为物欲与金钱的奴婢。若要不断提升个体人格境界，就需要大力挖掘传统文化中合理的价值观资源。君子爱财，取之有道。以义驭利、因义生利的思想，指导人们应该在合乎道义的原则下，采取适当的方式去取利，这对于人们在市场经济活动中正确求利有着重要意义。“富贵不能淫，贫贱不能移，威武不能屈”，这些亘古流传的人格操守箴言，如果能内化为人的精神境界，那么，市场经济固有的负面效应就会在很大程度上被降低。

第四，君子诚信为本的伦理规范与市场经济中信誉至上的原则也是相通的。市场经济可以说是一种信用经济，讲求信用、注重信誉，是市场经济的一个根本要求。诚实守信、言行一致的价值观，能够促进市场经济的发展和市场机制的正常运行，有利于培养市场契约精神，通过契约理顺经济主体之间的产权关系和交换关系，提供适宜的人文软环境。对“信”的道德准则的提倡与弘扬，有利于培养和形成人们的信用意识，从而促进社会的健康发展。

此外，弘扬君子精神、君子风范，对当今中国中产阶层的培育和成长也具有重要意义。社会学学者认为，如果一个社会的结构达到“橄榄形”的理想状态，即富豪与权贵、穷人与弱者都是少数，中产阶层占据主流，那么这个社会就会变得稳定、理性、建设、务实，有利于推动建立符合大多数人利益的公平、公正的政治制度与经济制度。因此，庞大的中产阶级是现代民主、富裕、发达社会的人群结构特征，健康成熟的文明社会需要中产阶级。发达国家的经验表明，中产阶层除了经济收入比较殷实外，还具有受教育程度较高、讲文明、重诚信、遵纪守法的特点。改革开放以来，许多人走上了富裕之路，成为富翁、大款、小资、白领。但由于市场经济与社会风气的负面影响，由于其文化修养的欠缺，一些人或比阔斗富、挥霍浪费，或横行霸道、违法乱纪。富而不贵是我们社会的悲哀，财富的富有不等于精神的富有。要使中国的富人、中产阶层在财富增加的同时，精神境界得以迅速提升，弘扬君子精神、倡导君子风范，不失为一个有效的途径。君子的“自强不息”“厚德载物”“泰而不骄”“成人之美”“礼以行之，孙以出之，信以成之”等精神财富，必将对中国社会的健康成长起到积极而持久的影响——正如欧洲的贵族精神对欧美文明的成长所产生的影响一样。

链接阅读：《诫子书》中的修身齐家思想

在中国历史上，若论忠贞和智慧的形象最深入人心的，恐怕非诸葛孔明莫属。立德方面，诸葛亮身上忠贞仁爱的圣贤气质，感染了从帝王将相到市井平民一代又一代的中国人；立功方面，作为蜀汉丞相，诸葛亮为汉室开疆拓土、逐鹿中原，他立下的汗马功劳自不必言；立言方面，除了流传千古的《出师表》，他的《诫子书》也成了中国古代家书中最优秀的代表作。

何样之人，何样之文

“三顾频烦天下计，两朝开济老臣心。出师未捷身先死，长使英雄泪满襟。”不管是在历代文人的笔下，还是在民间百姓的口耳间，孔明先生早已成为了不朽的传奇。

诸葛亮在公元234年写下《诫子书》，时年54岁，儿子8岁。彼时，距刘备驾崩已有12年，“兴复汉室，还于旧都”的抱负似乎慢慢成空，后主刘禅依然不像是一个明主贤君，所以“朝政巨细，皆决于亮”。那么，诸葛亮在临终之年究竟是如何将最宝贵的人生经验殷殷嘱托给幼子的？短短的86字，又寄托和诠释了怎样的一种人生至理？

> 夫君子之行，静以修身，俭以养德。非淡泊无以明志，非宁静无以致远。夫学须静也，才须学也，非学无以广才，非志无以成学。淫慢则不能励精，险躁则不能冶性。年与时驰，意与日去，遂成枯落，多不接世，悲守穷庐，将复何及！

核心目标：示儿做君子

文化人类学认为，一切文化的核心机密是集体人格，而中华文化的人格理想是君子之道。《诫子书》开门见山，以“夫君子之行”开篇，让我们一目了然：诸葛亮为儿子树立的一个根本目标，正是做一位“君子”，全篇都是围绕着这个核心展开的。

君子概念西周时期特指贵族。至孔子，君子才成为儒家人格的典范和标尺，人们开始称呼那些有德之士为“君子”。

有不少人质疑君子人格在当今社会的价值，也曾有“卑鄙是卑鄙者的通行证，高尚是高尚者的墓志铭”这样的诗句流传。然而，幽默的鲁迅先生却说：“捣鬼有术，也有效，然而有限，所以以此成大事者，古来无有。”

为什么我们理应崇尚君子？一方面，从大处讲，是否确立和推崇君子人格，直接关系到整个文化生态的健康有序，甚至关系到民族存亡和国家兴衰。某种意义上，复兴中华文化，就是要寻找和优化整个民族的集体人格。另一方面，从个体生命来讲，只有做个君子，才能得到精神上恒久的力量、安宁和喜悦。正所谓“君子固穷”“君子坦荡荡”。在面对人生的困境甚至绝境的时候，唯有真君子才能有所坚守和秉持，淡定坦然，如松柏屹立不倒。

“静以修身，俭以养德。”如果说通往君子之境的路是由一对铁轨铺就的，那么一边的轨道是“静”，另一边就是“俭”。

君子静以修身

在一个浮躁功利的社会，安静的人常常显得格格不入，今人对于“静”的内涵也缺乏深刻的理解。

老子讲“重为轻根，静为躁君”，是说厚重是轻率的根本，静定是躁动的主宰。一个人若想成为君子，首先就要具备静定的力量，保持内在自我不被扰乱。古往今来，任何一个有成就的人，都必然具备高度专注的能力和恒久的耐心。反过来讲，不能守静，是因为人经不住外在的各种诱惑，被欲望牵引和绑架。修身首先在于正心，“有所恐惧，则不得其正；有所好乐，则不得其正；有所忧患，则不得其正”。《大学》把这个道理说得非常明白。

有意思的是，在古汉语中，静和净曾经是通用的，一个人安安静静，不急不躁，恰恰也说明他心地的纯净，没有私心杂念，没有过分的奢求和欲望。我们要先降伏这烦躁的心，才能致虚极，守静笃。

我们常常以镜喻水，说水面如镜可以映出世间万物，然而，这种映射唯有平静的水面才能，波涛汹涌的水永远都无法做到。对人来讲，道理其实一样——静水流深，静能生慧。

君子俭以养德

除了静，诸葛亮强调的另一个修身重点是俭。在生产力低下、物质匮乏的中国古代社会，一个君子首先是爱物惜物的，这既是对大自然的敬畏，也是对人的劳动的尊重。因此古人常常教育子弟“一粥一饭，当思来处不易；半丝半缕，恒念物力维艰”。时至今日，很多人认为节俭已经过时了，更有甚者，还会鼓吹“有消费才能促进生产”“越会花钱的人才越能赚钱”等。

《左传》说：“俭，德之共也；侈，恶之大也。”当下社会，很多人热衷炫富，在他们眼中，占有更多、更高级的物质就是成功的标志。古人讲“君子役物，小人役于物”，当一个人内心缺乏力量，没有对于“道”的理解和认同，就会被自己的眼耳鼻舌身所牵引，以满足物质欲望为最高追求，这也就是孟子所讲的“从其大体为大人，从其小体为小人”。

大道永恒，古今相通。近些年被查处的腐败官员，绝大多数是因为对物质利益的不当贪求而落马的，这也验证了《周易》所说的“君子以俭德避难”。

值得指出的是，“俭”的意义远不止是物质层面的节省和简朴，它更蕴含着深刻的精神价值。《说文》讲“俭，约也”。这个“约”是约束、克制的意思，这种约束不只是说物质上的，更是指语言、思想、行为方方面面的“约”。

每个人的精力和时间都是有限的，选择一种节俭的生活方式，不仅意味着物质方面的简约，更意味着不浪费自己和别人的时间，没有那些君子所不齿的夸夸其谈，没有那些浅薄的社交和八卦，把自己的精气神留在对生命有积极影响和意义的事情上。

君子之志，修齐治平

诸葛亮教诲儿子“非淡泊无以明志，非宁静无以致远”，这个“志”和“远”又是指什么？正所谓“身修而后家齐，家齐而后国治，国治而后天下平”，君子士人，穷则独善其身，达则兼济天下，必将确立宏图伟志于更广阔之处。事实上，除了《诫子书》，诸葛亮还有一部《诫外甥书》，开篇即为“夫当志存高远”，可见他对于后辈确立正确和远大志向极为看重。

若要立志，先要辨志。很多人以为，立志就是确立职业理想，或者就是要出人头地，要赚大钱、扬美名，其实，这是把欲望和志向混为一谈了。梁漱溟先生曾经专门撰文，告诫年轻人要将欲望和志气区分开来：“必须不是从自己躯壳动念，而念头真切，才是真志气。”真正的志向，必定是突破了个人对一己功名利禄的满足，一定紧紧围绕一个人在人格境界上的提升，旨在“止于至善”。

回顾诸葛亮自身的人生志向，我们从《出师表》中可以读到：“臣本布衣，躬耕于南阳，苟全性命于乱世，不求闻达于诸侯。”可以说，他自己的人生追求从来都不是世俗的名利。陈寿在《三国志》中写到了诸葛亮在年轻时常以管仲、乐毅自比。对此，“惟博陵崔州平、颍川徐庶元直与亮友善，谓为信然”。也就是说，只有崔州平和徐庶两个人认同诸葛亮的自比。就好像王阳明 12 岁时立志“读书做圣人”，在很多人眼中也似痴人说梦。这种以天下为己任的鸿鹄之志，常常为世人所不解。但历史上真正被人铭记的圣贤，其所秉持的一定是“计利当计天下利，求名应求万世名”的信念。

静、俭、志、学的内在逻辑

事实上，静、俭、志、学这四件事是相互关联、相互决定的。“非学无以广才，非志无以成学。”有志向的人就可以静定，遇到困难和挫折也不忘初心、稳如磐石。正如《大学》中讲的：“知止而后有定，定而后能静，静而后能安，安而后能虑，虑而后能得。”

没有脚踏实地的学习和积累，志向会成为空头支票。没有宏伟的大志，人就不容易以“俭”抵御声色犬马的诱惑。

静与俭之间亦是一对孪生兄弟，“静”是从内在说，“俭”是从外在说。不管是静还是俭，都是在考验一个人面对各种不良诱惑时的自省、自知和自持能力，这是对一个人精神的固本培元、开源节流。

圣贤终驯致

作为一个对人性有深刻体察的智者，诸葛亮深知“人心惟危，道心惟微”，所以在《诫子书》的结尾，他反复叮嘱幼子万不可“淫慢”“险躁”，如果不能坚定意志、珍惜时间，就会导致“悲守穷庐”的后果。

滚滚长江东逝水。诸葛亮在写下《诫子书》29 年之后，魏国将军邓艾征西，在与邓艾的交战中，38 岁的诸葛瞻与自己的长子诸葛尚双双战死在绵竹。

老子有言："不失其所者久，死而不亡者寿。"如今，绵竹纪念诸葛瞻父子的诸葛双忠祠，与成都纪念诸葛亮的武侯祠遥遥相对，不禁令人慨叹：短短的一部《诫子书》，连接了祖孙三代忠贞仁勇的光明气象，也感召了后世无数的中国人。

（本文原载于《学习时报》2018 年 4 月 2 日）

第十一堂课 道为何物，老子其人

提　要

1. 究竟什么是“道”？为什么“道不可说”？
2. 道家和道教是一回事吗？二者有什么区别和联系？

强名谓道

> 有物混成，先天地生。寂兮寥兮，独立而不改，周行而不殆，可以为天地母。吾不知其名，强字之曰“道”，强为之名曰“大”。
>
> ——《老子》

道家思想的核心是“道”，这也是中国古代哲学最重要的概念，是《老子》的核心。“道”的原始含义指道路、坦途，以后逐渐发展为道理，用以表达事物的规律性。打个简单的比方：路是单向的、一往无前的，而道是回环往复的，是处处圆通的，所谓“周行而不殆”。人可能倒毙在路上，只有上了道，才会体悟到不朽和永恒。

老子认为“道”是宇宙的本源，用以说明世界的本原、本体、规律或原理，也是统治宇宙中一切运动的法则。从这个意义上说，老子是最早质疑宗教、反对迷信的人，最先把“道”看作宇宙的本原和普遍规律，成为道家的创始人。在老子以前，人们对生成万物的根源只推论到“天”，至于天还有没有根源，并没有触及。到了老子，才开始推求天的根源，并提出“道”。他认为，天地万物都由道而生。

道需要体悟，道不能言说，但为了交流的需要，还是可以勉强言说，但这不是从道的内涵上去说的，而是从道的形式上去说的。比如人的经络，看不见摸不着，无法从内涵上去言说，但是我们可以从概念上说它是穴位的串联。道也一样，不能言说本质，但可以言说形式特点。道是天地万物的本原，因此也可以通过天地万物的一般规律推导出道的特征。

“道”是老子哲学的中心范畴，在不同场合有不同含义：一是指形而上的实存者，即构成宇宙万物的最初本源，可感而不可道、不可见；二是指宇宙万物发生、存在、发展、运动的规律；三是指人类社会的一种准则、标准。“道”代表“究竟真实”，最后、最终、真正唯一、绝对的，就是究竟。归结起来，老子所说的道有三个特点：第一，道是先于天地的混成之物；第二，道是存在于万物之中的普遍法则；第三，道无形无象。唐君毅在《中国哲学原论》中，将老子的“道”细分成“六义”：虚理之道、形上道体、道相之道、同德之道、修德之道及其生活之道、为事物及心境人格状态之道。

“道”的概念代表两种性质：第一叫作内存性，第二叫作超越性。一方面，“道”的内存性是指没有任何东西可以离开“道”而存在，离开“道”，世界任何事物都不会存在，更不要说维持了，因为“道生万物”，无一例外；另一方面，万物再如何变化，或消失或增加，“道”全不变，不会受到影响，这就是“道”的超越性。

“道”是“浑全之朴，众妙之门”。“道”生成了万物，又内涵于万物之中，“道”在物中，物在“道”中，万事万物殊途而同归，都通向了“道”。

“道”不只是有形的“物质”、思虑的“精神”、理性的“规律”，而且是造成这一切的无形无象、至虚至灵的宇宙本根。“物质”“精神”“规律”皆是“道”的派生物。“道”是先天一气，混元无极，“道”是其大无外、其小无内、至简至易、至精至微、至玄至妙的自然之始祖、万殊之大宗，是造就宇宙万物的源头根本。

“道可道，非常道”，意即可以用言语表述的，就不是永恒的“道”。“名可名，非常名”，意即可以用名称界定的，就不是恒久的“名”。和上句同样用“常”（据说老子的原文为“恒”，为避刘恒的讳而被后世改为“常”），一个被译为“永恒”，另一个却被译成“恒久”，是因为只有“道”是真正的永恒，“名”只能说是恒久的，它和“道”不属于同一个层次。

“道”是宇宙万物的根源、基础，它是本体，无法用言语表述；“名”则依赖人的理解能力，没有人类就没有“名”。能够说一句话、制造一个概念，是因为有人可以理解。人类出现之前，说某样东西是恐龙、熊猫或老虎，根本毫无意义，它就是一个生物，可以按照自然规律、食物链维持平衡，无所谓名不名。只因为人有理解能力，“名”才有出现的必要。换句话讲，“道”本身就是高于常人认识的境界，所以有限的语言没有办法描述和概括无限的道。

老子体验到“道”之后，发现“道”不能说，所以“强字之曰‘道’”，即勉强取个名字叫作“道”。老子认为“究竟真实”没有名字，但是要体验“道”时却不能不说，不然无法学到东西。因此“永恒的道”可以觉悟，“恒久的名”一经界定落实，就成为“相对的名”。

冯友兰在《中国哲学简史》中写道：道是万物之所由来，道作为万物本原，无从命名，所以无法用语言表达。但我们又想要表达它，便不得不用语言来加以形容，称它为“道”，“道”其实不是一个名字，这就是说，我们称道为“道”，和我们称一张桌子为“一张桌子”是不同的。

老子是第一流的哲学家，他的哲学理论先从整体的“宇宙观”出发，然后将“自然”之道、“治国”之道、“修身”之道三者归纳于一个共同的自然规律中，在理论上并没有分为三种看法。

道的不可名状，与禅宗的“以心传心，不立文字”有异曲同工之妙。所谓“道不可说，一说就是错”，一方面反映出人类对于“道”认识的永恒局限性，另一方面也反映出语言的局限性。《金刚经》中，佛陀对弟子须菩提发问：“须菩提，于意云何？如来有所说法不？”并告诫他“若人言如来有所说法，即为谤佛，不能解我所说故”。

《老子》主要论述“道”与“德”：“道”不仅是宇宙之道、自然之道，也是个体修行即修道的方法；“德”不是通常以为的道德或德行，而是修道者应必备的特殊的世界观、方法论以及为人处世之方法。

老子的本意，是要教人修道的方法，德是基础，道是德的升华。没有德的基础，为人处世、治家、治国，很可能都失败，就没有能力去“修道”。所以修“德”是为修“道”创造良好的外部环境，这可能也是人所共需的；修道者更需要拥有宁静的心境、超脱的人生，这也缺“德”不可。《老子》中“德经”部分，在经文中占了很大部分，这是修道的基础。

对于道的特性，老子说：“道冲，而用之或不盈。”道体似虚而实，所以体内蕴含用之不竭的物质和能量，但不会因自满而溢出。老子认为，道体柔而不刚，内部单纯，外部朴素无华，且清澈透明，长存于天地之间。所以道无处不在，不管是个人还是人类社会，包括天地万物都应该效法道而运行。而道法自然，返璞归真。这里的“自然”字面解为自己如此，但是道与自然规律是同一的，也即“国中四大”皆应效法自然无为而无不为的特性，从而保持自身“天长地久”。

老子其人

老子，姓李名耳，字聃，约生活于公元前 571 年至公元前 471 年之间，是我国古代伟大的哲学家和思想家、道家学派创始人，被唐朝帝王追认为李姓始祖。老子乃世界文化名人、世界百位历史名人之一，其著作《老子》又名《道德经》，对中国哲学发展具有深刻影响。在道教中，老子被尊为始祖。老子曾做过周朝“守藏室之官”（管理藏书的官员）。他的哲学思想和由他创立的道家学派，不但对中国古代思想文化的发展做出了重要贡献，而且对中国 2 000 多年来思想文化的发展产生了深远的影响。

老子的著作、思想早已成为世界历史文化遗产的宝贵财富。欧洲从 19 世纪初就开始了对《老子》的研究，到 20 世纪四五十年代，欧洲共有 60 多种《老子》译文，德国哲学家黑格尔、尼采，俄罗斯大作家托尔斯泰等世界著名学者对《老子》都有深入的研究，并都有专著或专论问世。黑格尔说：“中国哲学中另有一个特异的宗派……是以思辨作为它的特性。这派的主要概念是‘道’，‘道’就是理性。这派哲学及与其密切联系的生活方式的发挥者是老子。”英国科学家李约瑟一生研究中国，对中国文化情有独钟，著有多卷本《中国科技史》。他说，中国文化就像一棵参天大树，而这棵参天大树的根在道家。李约瑟越研究中国，越认识老子、道家在中国文化中的重要地位，越发相信老子学说的正确，越来越按照老子说的去做，他晚年干脆自称是“名誉道家”“十宿道人”。他的最大贡献是他发现了道家思想的现代意义，从而为 20 世纪后半叶世界“老子热”的形成做出了历史性的贡献。在当时的德国、法国、英国、美国、日本等发达国家相继兴起了“老子热”，《老子》一书在这些国家被一版再版。

《老子》共 81 章，前 37 章为“道经”，第 38 章及以下为“德经”，全书的思想结构是：道是德的“体”，德是道的“用”。全文共计 5 000 字左右。20 世纪 80 年代，据联合国教科文组织统计，在世界文化名著中，译成外国文字出版发行量最大的是《圣经》，其次就是《老子》。

道与德

老子所处的西周社会，诸侯各国穷兵黩武，战乱频仍，社会之礼仪伦理已无法恢复，老子看透人类社会之所以会纷争不已，都是由于圣人、礼仪、法令、欲望、智慧等有为措施引起的，正是因为社会看中名利、实力等荣誉，所以天下才会出现对资源的占有之争。老子因此提出回归自然、顺应无为而治、清静绝智的自然世界规律，认为以此才能守弱胜强，达到小国寡民的平静生活，“民至老死而不相往来”。

“德”是“道”在伦常领域的发展与表现，因此由道进入德是由自然秩序通向社会秩序的一道屏障，所以他开始转而论述人的行为规范。德与法都是规范社会与人的行为的约束力量，但在老子那里两者有不同的地位。老子认为，上德的本质与道之德的本质同于“一”，因此上德源自“道”。老子所言之“德”也不同于常人所言之“德”。《老子》第 38 章载：“上德不德，是以有德；下德不失德，是以无德。上德无为而无以为；下德无为而有以为。上仁为之而无以为；上义为之而有以为。上礼为之而莫之应，则攘臂而扔之。故失道而后失德，失德而后仁，失仁而后义，失义而后礼。”

老子认为，上德主张无所事事，一切顺应自然，带有明显的“无为”特征，可理解为因循自然的行为规范。这种因循自然的“德”，重生命，轻名利，持守清静，戒除贪欲，息心止行，悟道四达，自然无为，同时以百姓之心为心，将自身与自然融为一体，最后归于道。下德由上仁、上义及上礼组成，需要人实际去实行与推广，带有明显的“有为”特征，注重人的行为规范。从这里可以看出，在老子眼里，孔子推行的“仁义礼智信”只是人为教化的结果，没有达致真正无为超脱的上德境界，所以被老子贬为下德。上德的无为境界与法本身需要由国家制定、国家干预以及公之于世的特性相违背，所以法律不过是下德的范畴而已。但是下德之中，法律与仁、义、礼又有所不同，老子并没有把法纳入下德的探讨范围之内，似乎可以得出，老子认为，仁、义、礼是高于法律的，而法律不过是一种治国之器物。

老子之德与孔子之德是有区别的，孔子之德在老子看来是属于“下德”范畴、是属于人为规范的领域；而老子认为，上德表现为无为，即不去考虑德与不德的问题，反而是最大的德。

道家与道教

道教是根植于我国本土的宗教，以“道”为最高信仰。中国古代的道教，是在我国古代的鬼神崇拜观念基础上，以黄、老道家思想为理论根据，承袭战国以来的神仙方术衍化而成，其宗旨是追求长生不死、得道成仙、济世救人。到了现代，道教以尊道贵德、天人合一、贵生济世为教义。既然道教是以古代道家思想为理论依据，那么二者又有何区别和联系呢？

形成的时间不同

道家是由老子、庄子开创的哲学思想流派，在春秋末年已经创立，而道教则形成于东汉末年，源于张陵所创的五斗米教。这就是说，在道教形成之前，道家已出现相当长的时间，人才辈出、流派纷呈，并形成了先秦和汉初道家发展的两个高峰。即便在道教形成以后，道家与道教仍然有各自不同的传承谱系。

性质和流变传承不同

严格意义上来说，道家仅仅是一种思想文化流派，而道教是一个宗教团体，两者在文化形态上具有完全不同的性质。道家是作为一个哲学思想流派而存在的，其思想流变与代表人物，是它最重要的内容。狭义的“道家”指的就是先秦时代以老子、庄子为主要代表人物的哲学思想流派。道家具有人间性、世俗性，它存在于思想领域，作为一种思想文化流派，它以现实的智慧之光照耀人间。而道教是宗教的一种。作为一种宗教，道教有其神仙崇拜与信仰，有教徒与组织，还有一系列的宗教仪式与活动，其主要派别的传承是大致清楚的。它不仅具有意识形态的功能，并试图以一种超人间、超现实的力量来改造世界，包括求得人的永生。

各自的代表人物不同

即使是同一个人物，在道家与道教之中也具备不同的个性特征。道家的代表人物，在先秦有老子、庄子、列子等，汉代有曹参、窦太后、刘安等；道教的代表人物有张角、张陵、葛洪、王重阳等。这两类人物相互之间是不能替代的。以老子为例，道家中的老子是一个现实的思想家、道家的创始人；道教中的老子则成为太上老君，是一个宗教教主，两者的性质显然是不同的。

二者的思想不同

道家是一种哲学学派，道教是一种宗教信仰。道家思想的核心是“道”，认为“道”是宇宙的本源，也是统治宇宙中一切运动的法则，倡导自然的世界观和方法论。道教则以“道”为追求目标，以长生不老之道为最高信仰，它主张清静无为、长生不老、得道成仙。道教用神仙不死之道教化信仰者，确认通过养生修炼和道德品行的修养能长生成仙，最终解脱死亡，求得永恒。

第十二堂课 无私寡欲和虚静

提　要

1. 为什么说无私是一种天道的体现？
2. 虚静究竟是怎样一种状态？
3. 虚静和无私对于当今世界具有怎样的启示作用？

人性中的公与私

古人有言："一心可以丧邦，一心可以兴邦，只在公私之间尔。"孙中山也曾挥笔题下"天下为公"四个字。那么，我们究竟应如何看待人性中的公与私呢？

"公"字由"八"与"厶"（"厶"字念作 sī，"私"的古字）构成，表示背"厶"谓之"公"，或者说分其"厶"以与人为公（"八""厶"为一公，这个字源自井田制，意指八块私田围绕着一块公田）。"公"的本义是把属于个人私有的时间、精力、体力、财物等资源或利益分出一部分给大众。公的本义和引申义都进一步说明了公就是利他，实际上就是人类利他这一抽象的、人性本质特征的行为的一种社会化的表现。

"私"字由"禾"与"厶"构成，"禾"指的是谷物，"厶"在这里意为自己的、个人的。"私"的本义是"自留口粮"（与口粮相对应的是个人交给国家的"公粮"，而所谓"公粮"指的就是如今的个人所得税），私的引申义是"交个人所得税"之后所留下的属于自己的、非公的利益，就是利己。私，实际上就是人类利己这一抽象的、人性动物基础的一种社会化表现。

公与私，这两个字都含有"厶"字。人类社会中的公与私都离不开利他和利己的结合。人性抽象的基础与本质已表明：人类不仅有利己的自然属性，更有利他的社会属性，公与私本质上就是人类利己自然属性和利他社会属性这一抽象人性的社会化的表现。

有的人把整体的、共同的利益当作自己的最高利益。许多人即使达不到这样的高度，但在他们认识到的范围内，愿意为共同利益出力，并不自私。也有的人只在小的圈子里，在家庭、朋友中关照彼此，出了这个圈子，便用私的眼光看待一切，处处自私。一个人关照的圈子越小、越自私，他的“自己”作为“人”的意义就越小。绝对自私的人十分罕见，他们对父母、子女都不关心，只关心自己。这种人自外于一切人际关系，自绝于一切人情，完全丧失了“人的本质”，没了人味儿。

如果从潜意识的角度把人的境界做区分，或许可以分为个人潜意识、集体潜意识和人类潜意识三种，其中的区别在于一个个体所关注的究竟是多大范围的“人”。人们经常谈起感性的人、理性的人和悟性的人。个人潜意识的人就是感性的人，集体潜意识的人就是理性的人，而人类潜意识的人就是悟性的人。感性的人，弄不懂理性的人所依从的准则；理性的人，弄不懂悟性的人依从的准则。人无法超越潜意识所达到的水平，无法超越人格所达到的水平。实际上，决定一个人能否成功的真正根源，就是潜意识或人格水平。人们太注重向外开发，忽视了向内开发。只有有悟性的人能看到这个趋势。

正因为自私是人的本性，所以从个人潜意识向集体潜意识前进、从集体潜意识向人类潜意识前进，不是一条坦途，不是主观意识能够单独完成的人生旅程。如果个人潜意识的人去做集体潜意识的事，无论自愿与否，不会有好结果，甚至是十分危险的。一个真正集体潜意识的人或真正人类潜意识的人，一定能够在自我的奋斗中为集体和人类带来物质与精神的利益。这是因为，他们的终极目标和集体的人类的终极目标是完全一致的。

道家倡导的无私

《老子》有这样一句话：“既以为人，己愈有；既以与人，己愈多。”是指我为人人，人人为我，付出会带给你更多的财富。因为以自己所有济人所无，是风尚、是襟怀，这样会使自己的精神更加充实、人生更显光彩。所以，老子希望人们做到两个方面：一是无私奉献，二是仁心宽厚。

所谓“上善若水。水善利万物而不争，处众人之所恶，故几于道。”水的特性，是质朴纯净，少思寡欲，宁静顺和，从善如流，矜而不贪，虚怀若谷，处下不争。老子把水视为美德的化身，认为如果一个人的处世态度像水一般，便是怀有极高的品德。而这无私的美德也会带给人们生活上的便利，让人们获得更多的精神财富，成为人生的富者，可谓“江海之所以能为百谷王者，以其善下之”。

《老子》第5章中说：“天地不仁，以万物为刍狗。”刍狗就是古人祭祀时用“草扎的狗”，这句话并非说天地的无情，而是说天地没有主观意识要去恩泽万物，万物按照自身规律独立地治理自己，大地不是为了动物才长出草，也不是为了人类才长出粮食，天地万物的产生，都是自然根据自身规律和客观环境发展自身。这其中有一种和佛家很相似的态度，就是抛却人的分别心。人的烦恼和困惑，很多时候恰恰来自分别心，有一种好恶，总希望能选择对自己最有利的事物，其实本质上是一种自私和自我的表现。

以“无私”表明公平，在先秦诸子是通行的做法。如《庄子·大宗师》言：“天无私覆，地无私载，天地岂私贫我哉？求其为之者而不得也。”《吕氏春秋》亦称：“天无私覆也，地无私载也，日月无私烛也，四时无私行也，行其德而万物得遂长焉。”联系《管子》和《礼记》，从“二无私”“三无私”到“四无私”，中心都在申明天道运行的客观公正性。

《老子》云：“道生之，德畜之，长之育之，亭之毒之，养之覆之。生而不有，为而不恃，长而不宰，是谓‘玄德’。”这就是说，虽然“道”使万物产生、繁殖、成长、发育、结果、成熟，但又不据为己有，不恃为己功，不主宰它们。所谓“不有”“不恃”“不宰”，即“功成而弗居。夫唯弗居，是以不去”。正因为有而不有，所以才有“有”，这就叫“玄德”。老子在这里阐述的本来是一种自然主义的宇宙观，但它却可以转化为一种崇高而智慧的人生观。

自私的人是焦虑的

西方圣哲苏格拉底告诫人们：“德行不出于钱财，钱财以及其他一切公与私的利益却出于德行。”自私的人正是在“一切公与私的利益”上斤斤计较个人得失，精心为自己打算。他们不仅把钱财看得比德行还要重要，严重时甚至不惜用钱财去践踏德行。自私正是对德行的背离。况且自私的人并不仅仅只着眼于钱财，他们事事以自我为中心，考虑问题的出发点是“是否对自己有利”，并按只对自己有利的方面去行动，这就是他们全部生活的基础。

自私的人为了攫取个人私利而绞尽脑汁，但又千方百计企图将自己的本意掩藏起来。他们察言观色，经常揣度别人是否发现了自己的秘密，内心深处总是得不到安宁。所谓“小人常戚戚”，就是说自私的人呈现出某种程度的病态。贺拉斯说得好：“自私的人必定也是焦虑的人，因为他生活在焦虑之中，所以就绝不会自由。”

自私有程度上的不同。爱占小便宜，贪图蝇头小利，是其主要特征。他们善于玩弄小聪明，看似得计，其实常被人在背后窃笑。因为自私表现在个人利益上，所以自私的人多吝啬。虽然他们当中有些人的善心并未完全湮灭，但是他们宁肯出力也不会出钱去帮助他人。他们不仅对外吝啬，对自己也同样苛刻，把铜钱看得比磨盘还大，因此多被人看不起。他们的行为最多只能得到他人的同情，但很难有真正的朋友。

但自私和贪婪有着原则上的区别。自私只表现在与自己利益相关的范围内，例如 3 个人分 10 个苹果，他想的是如何能得到 4 个。而贪婪的人则想着如何将 10 个苹果全部独吞。自私的人以占小便宜为目标，一旦得手便窃窃自喜。而贪婪的人则得陇望蜀，欲望永无止境。从一个铜钱到一个王国，他都不择手段要据为己有。

自私是人的天性，就像贪吃是人的天性一样。自私是一种坏的行为习惯，但还不是邪恶，贪婪才是邪恶。但是这种坏的行为习惯如不加以克制，则很可能从损害他人的利益开始，到损害社会和国家的利益，发展成贪婪甚至偷盗、敲诈、造假骗人，化公为私，直到更大的犯罪，以致为人所不齿。后者虽然不属于自私的范畴，但却是自私意识的延伸。这种人机关算尽，也许得逞于一时，但最终被命运抛弃。俗话说，智者千虑，必有一失，我们每一个人都应该自觉克服膨胀的私心私欲，提升自己的理性，锻炼自己的意志。任何有价值的接近真善美的目标都是难以实现的，并且终将被自私所拖累。

正如苏洵所讲的，“为一身谋则愚”，庄子也讲“嗜欲深者其天机浅”。多私者必不义，到头来不仅使自己一生美好的愿望付诸东流，而且很可能搬起石头，砸了自己的脚。

虚与静

虚与静是道家哲学的两个核心词汇。司马谈曾说道家思想是“以虚无为本”的，可见“虚”的观念在道家思想体系中的重要性。《老子》第 16 章中说：“致虚极，守静笃。”“虚”和“静”都是形容人心空明宁静的状态。由于外界的干扰、诱惑，人的私欲总是蠢蠢欲动，心灵闭塞不安，所以需要追求“致虚”和“守静”，以期恢复心灵的清明。“极”的意思为极度，“笃”的意思是坚定。老子认为万物的根源是“虚”“静”的状态。面对世事的纷争搅扰，他希望人能够回归本源，致虚守静。

《老子》第 4 章说：“道冲，而用之或不盈。渊兮，似万物之宗。”“道冲”即是形容“道”体是“虚”状的。这个“虚”状的“道”体，像是万物的根源。它不但是万物的根源，它所发挥的作用也是永不穷竭的（可见老子所说的“虚”，并不是空无所有）。这和第 5 章中的“天地之间，其犹橐籥乎？虚而不屈，动而愈出”也有关联。

“橐籥”就是风箱，形容天地间虚空的状态。天地之间虽然是虚空状态，其作用却是无穷的。运动一经开始，万物就从这虚空之处涌现出来。这个“虚”藏着创造性的因子，它的储藏量是无穷的。这正如山谷一样，虽然是虚空状的，却是大量水源的汇聚处。老子喜欢用“谷”来比喻“虚”。《老子》第 41 章说“上德若谷”，意思是具有崇高道德的人胸怀如山谷一样深广，可以容纳一切。我们常用“虚怀若谷”来形容一个人的心境，达到这种心境的人就可以称为“上德”之人。老子用“谷”来象征“虚”，“虚”的观念含有“深藏”的意义。《史记》卷 63 中说：“良贾深藏若虚，君子盛德容貌若愚。”“深藏若虚”，这和我们平时说的“一瓶子不满，半瓶子晃荡”的情形刚好是一个对比。

说到我们常讲的“虚心”，道家认为心是透明的，没有什么污点、灰尘遮蔽。虚并不是说什么都没有。虚心就是说人的心很透明时，才会装得下自然万物，才叫真正的虚心。这种境界和感觉，与电影《超体》里面所讲的一个境界很相似，就是“我不占有任何空间，但是我无所不在”。

“虚”是一个非常有意思的词，既不是有，也不是无，这个“充满”并不是指用具体的、可见的东西把空间堵塞住，而是超越性的，是一种超越性的“充满”。人只要把各种遮蔽性的东西去掉，就是虚心。

“虚”的反面是“盈”，表示自满的意思。老子说了许多关于自满产生弊病的事例，《老子》第 24 章说：“自见者，不明；自是者，不彰；自伐者，无功；自矜者，不长。”意思是“经常自我表现反而名声大不起来，经常自以为是反而不能彰显他的价值，经常自我夸耀反而没有功劳，经常自高自大反而不能被认可并获得尊重”。第 9 章中也说：“持而盈之，不如其已；揣而锐之，不可长保。”这些话都是提醒人不要自满，要深藏。只有虚，才有成长和变化的可能性、空间，才会受益和进步。反之，满的东西就不能再有成长的空间了。

“虚”状的东西，必然也呈现出“静”定的状态。老子重视“虚”，也必然重视“静”。《老子》第16章说：“万物并作，吾以观复。夫物芸芸，各归其根。归根曰‘静’，静曰‘复命’。”庄子也说“水静犹明，而况精神”，佛家殊途同归，讲“定能生慧”。

老子在万物蓬蓬勃勃的生长中，看出往复循环的道理。依他看来，万物纷纷纭纭、千态万状，但是最后总要返回到自己的本根，而本根之处，乃是虚静的状态。这个观点应用到人生和政治方面，便是主张人们远离喧嚣、返回清静。

老子谈“静”，特别着重从政治方面立论。《老子》第45章说：“清静，为天下正。”可见“清静”的作用是多么大。第37章中他又说：“不欲以静，天下将自正。”一个人，只有不被贪欲所激扰，才能达到清静的境地，而清静也就是“无欲”的状况。“清静无欲”的重要性老子说得很清楚，《老子》第57章中说：“我好静，而民自正……我无欲，而民自朴。”

在这里，“无欲”和“清静”是密切相关的。“无欲”则民自朴，民朴则足以自正。在“我无欲而民自朴”中，“欲”和“朴”是相对提出来的，可见这个“欲”乃是指心智作用的巧诈之欲。因此“无欲”并不是要消解本能的自然欲望，而是要消解心智作用的巧诈欲望。在老子看来，统治者若能清静而不纵欲，社会才能走向安定。

“静”的反面是急躁、烦扰。从它的反面来看，更可了解老子重视“静”的原因。《老子》第26章说：“重为轻根，静为躁君。是以君子终日行不离辎重。虽有荣观，燕处超然。奈何万乘之主而以身轻天下？轻则失根，躁则失君。”意思是，厚重是轻浮的根本，宁静是浮躁的主宰。所以有道之士行事一贯谦恭诚信、兢兢业业，不敢稍有轻忽；虽然身处华美的住所、尊贵的地位，依然保持着平和朴实的心境。为什么大国的君主常要去轻举妄动地制造事端呢？轻率就会丧失根本，从而失去控制，浮躁就易受制于人，从而丧失主宰的地位。

静与重是内在一致的，持重者恒静，所以老子重“静”也贵“重”。他认为一个统治者，在日常的生活中必须能够持守“静重”，虽然享有华丽的生活，却能安居泰然，这就是清静的表现。然而老子目击当时的统治者，过着奢侈糜烂的生活，做人做事急躁轻率，所以他感慨地说：为什么身为大国的君主还把自己看作天下最轻的东西呢？

以木本植物来说，通常近根的一端总比近梢的一端要致密、厚重。在地球的重力场内，任何物体总是不断地趋向重心更低的位置。无论是车或是船，都讲究保持“稳度”不倾覆，很重要的一个办法就是加重它的底盘——尽可能降低它的重心。这就叫“重为轻根”。重的根一般都是静的，相对的那一端才是轻和躁的，是易动的、易变的。重是事物的“根本”，轻是事物的“枝叶”；“重”所代表的宁静、镇静的部分当然就是“轻”所代表的轻率、浮躁的部分的主宰。这些都是从物理的角度来说的。

从人德的角度来说，“重”就是稳重、持重、凝重和忍辱负重的意思。“静”就是安静、清静、娴静的意思。有“重”和“静”这两种特质的人一般都有淡定雍容的外貌，从容不迫的气度，遇事不惊不乍、镇静自若的风范——“泰山崩于前而色不变，麋鹿兴于左而目不瞬”。何能如此呢？因为他内心有着强大的自信和把握：外物尽管瞬息万变、奇变横生，但一切变化都在“道”的范畴之内。守住了“道”，这一切变化就都可以视为儿戏了，又有什么可怕、可惊的呢？又有什么可欲、可求的呢？“心”不去随着“物”转，又怎么会“轻”和“躁”呢？又怎么不能保持着“重”和“静”呢？有“道”的人保持着稳重、持重、凝重的态势，必要时能够忍辱负重，守得住做人和为道的根本。

执政者不宜轻率急躁，尤其不可骚扰民安。所以《老子》第60章说：“治大国，若烹小鲜。”意思是治理国家，好像煎小鱼一样不能常常翻动，否则就要翻得碎烂不堪了。老子用煎小鱼来比喻治理国家，也喻示着治理国家应以清静为原则，不可搅扰百姓。凡是苛刑重税都是扰民的，为政者应深自戒惕。

老子“静”这个观念的提出是有他的思想背景的：他看到当时统治阶层的纵欲生活，他们耽溺于感官刺激，追逐声色之娱，因此《老子》第12章说，“五色令人目盲，五音令人耳聋，五味令人口爽，驰骋畋猎令人心发狂”。老子试图呼唤人们减少欲望，寻求清静。他目击当时统治者对百姓重税逼压、严刑苛虐，所以一再地呼吁为政要“清静”。

老子不仅主张为政清静，人生的活动也应在繁劳中求静逸。他要人在繁忙中静下心来，在急躁中稳定自己：“以静制动”“以逸待劳”。老子的“静”并不是木然不动、裹足不前，也不是像一潭死水似的完全停滞，而是“静中有动，动中寓静”。老子说：“孰能浊以静之徐清？孰能安以动之徐生？”在这里，老子很明显地肯定了“动极则静，静极而动”的道理。

老子所提出的“虚静”等观念，对功利浮躁的生活具有很大批评性与启示性。“虚静”的生活，蕴含着心灵保持凝聚含藏的状态。唯有这种心灵才能培养出高远的心志与真朴的气质，也唯有这种心灵，才能导引出深厚的创造能量。反观现代人的生活，匆促浮华，自然难以培养出深沉的思想；繁忙躁进的生活，足以扼杀一切伟大的创造心灵。老子恳切地呼吁人们重视自己内在生命的培蓄，就这一个层面来说，对于现代这种浮光掠影式的生活形态与心理样态，老子的呼声未尝不具有深刻的意义。

无私虚静的当下意义

人生而有欲，绝大多数人难免追求外物，诸如财富、权力、美色、声名等。文种助勾践灭吴，而后以功自居，恋权不退，终为勾践所杀，酿成“兔死狗烹”的悲剧。唐玄宗宠杨贵妃，本想演绎空前绝后的“爱情大戏”，却因“马嵬驿兵变”，唐玄宗不得不以一匹红绫赐死美人。乾隆时有和珅，大肆敛财，贪得无厌，结果却不能为己所用，故曰“和珅倒，嘉庆饱”。其他为博声名而不择手段者，大都身败名裂，空留千古笑柄。历史的负面教训，无不为了警示后人。今日社会，太多人把金钱与物质奉为圭臬。

然而，无论是占有金钱还是占有天下，历史都不是为占有者而存在的。宇宙衍化、历史演绎至今，无不因为人心的拯救与提升而存。逆此而行，最终只能化作齑粉，被人唾弃。天道虽然给人留下做人的规范，却非低俗、放纵、贪婪、堕落的规范。如果将天道忽略，而将自我的欲念无限强化，人就必定走上贪求外物的不归路。

在老子所证悟到的时空，天道的特性之一就是无取。无取并非什么都不得到，无取的意味主要在于：该他得到的东西，无论怎样，一件都不会失去；不该他得到的东西，一件都不会去追求。当一个人不求取低层次的物质满足时，才有可能得到高层次的精美珍奇。

人生苦短，尘世的生命不过百年，再将懵懂无知的儿时和衰朽不堪的老年略去，人能明白、踏实享受外物的岁月，不过须臾之间。有人苦苦追求一生的事物，没等得到，即已身亡；有人刚刚得到，尚不及分享，即已失去；有人享乐一时，却亦由此而罹大祸。于人而言，求取外物所能获得的精神安慰或物质满足，和他的付出根本不成正比：付出的是一生心血，得到的只是昙花一现；付出的是生死存亡，得到的只是苟延残喘；付出的是道义灵魂，得到的只是铜臭粪土。

人拥有的任何外物，全都是不能期冀持久的。今天属于此者，明天就可能属于彼人。今天尚且完整，明天就可能破碎。今天还有一分的用处，明天就可能有十分的害处。物极必反，否极泰来，尘世变幻莫测，万物也变幻莫测。即如强大与柔弱，转眼间即可转化。因此，倘想以某种外物作为依恃，显然大错特错。

至于人对外物的美感与满足，更是不能持续的。任何难以得到的东西，一旦某日得到，满足的感觉大都是短暂的，而后必定催生更多的欲望。欲壑难填，人对外物的追求从来都没有止境，或许也正因此，王尔德才说："人生有两种悲剧，一种是想要的东西得不到，另一种是得到了。"

虚静，才能更好地找回自己的本心；无私，才能去往生命指示的明路；不执迷于外物、不拘泥于目力所及的表象，才能洞见更多时空与生命，拥有更高境界的美好。

链接阅读：扎克伯格写给女儿的信

亲爱的马克斯：

我和你的母亲对于你的诞生所带来的对未来的希望难以言表。你的新生活充满了希望，我们祝愿你可以健康、快乐，这样你就可以充分探索这个世界。你已经给了我们充分的理由让我们仔细考虑希望你生活在怎样的世界。

像所有的父母一样，我们想要你在一个比我们现下更美好的世界成长。

虽然新闻头条总是关注着哪里出了问题，但从很多方面看，我们的世界正在变得更好。卫生水平在提升，贫困人口在减少，知识在累积，人与人彼此联通更加紧密，各领域的技术也在发展，这都意味着，你的人生应该比如今我们的生活更加美好。

我们会尽我们所能让这一切实现，不仅仅是因为我们爱你，更因为我们对于下一代的所有孩子都有一种道德责任感。我们相信人人生而平等，未来几代人也一样。我们的社会有责任为那些即将来到世界上的人的生活改善而投资，而不仅仅是为了现在的人们。

但现在，我们并没有总是将资源用在解决你们这一代将面临的问题上。以疾病为例，我们用于治疗患者的费用，是我们投资在避免你们从根源上得病的研究上的 50 倍。医学作为一门真正的科学仅仅发展了不到 100 年，然而我们已经见证了许多疾病的治愈，以及在治疗其他疾病上的可喜进步。随着科技的加速发展，我们有望在未来的 100 年间预防、治疗和处理所有或是大部分剩下的疾病。

如今，有许多人因心脏病、癌症、中风、神经退化疾病和传染病这五类疾病死亡，我们可以加快在这些疾病以及其他疾病上的研究进展。当我们意识到你们这一代和你的子女一代有可能不用再受到这些疾病的困扰时，我们有责任将我们的投资在这方面倾斜更多，以实现这一可能。你的母亲和我想尽我们最大的努力。

治疗疾病需要时间。5 年或 10 年的短时间内，我们所做的可能难见成效。但是在更长远的未来，现在播下的种子会成长起来，终有一天，你和你的孩子会看见我们只能想象的世界：一个没有疾病的世界。像这样的机会还有很多。如果一个社会把更多的力量集中在这样重大的挑战上，我们更有可能为你们这一代创造一个更好的世界。

我们希望我们的下一代能够关注两个观念：发掘人类潜力和促进人类和平。发掘人类潜力关乎不断拓展人生卓越的极限。你们的学识和经验能超越我们今天的百倍吗？我们这一代能否治愈疾病，让你们活得更长寿也更健康呢？我们能否将整个世界联结，让你们可以接触到每一个想法、每一个人和每一个机会呢？我们能否使用更多的清洁能源，让你们在保护环境的同时发明今天无法想象的东西呢？我们是否可以培养出企业家精神，让你们能够创建各种企业、迎接各种挑战，以促进和平与繁荣呢？

促进平等就是不论他们出生在何种国家、何种家庭和何种境遇，保证每一个人都有可能接触到这些机会。我们的社会必须实现平等，这不仅仅是为了正义或是慈善，更是为了伟大的人类进步。今天，我们的潜能远远没有发挥出来，因此许多人更需要机会。发掘我们所有潜能的唯一途径就是集合这个世界上所有人类的智慧、想法和贡献。

我们这一代能否消除贫困和饥饿？我们这一代能否为每一个人提供基本的医疗保障？我们这一代能否建立包容、友善的共同体？我们这一代能否培养各个国家的人们之间和平和相互理解的关系？我们这一代能否真正给予每一个人力量——妇女、儿童、未被充分代表的少数族群、移民和那些边缘人？

如果我们这一代能够做出正确的投资，以上每一个问题都会迎刃而解——而且很有可能是在你的有生之年。这两大使命：发掘人类潜力和促进人类平等，需要一个新的方法来使所有人都向这个目标努力前进。我们必须做出超过 25 年、50 年甚至 100 年的长远投资。巨大的挑战往往需要很长的时间，很难用短期思维解决。

我们必须和那些我们为之服务的人们直接接触，我们只有在了解他们的需求和欲望时才能够真正给予他们力量。我们必须发展能够做出改变的科技。许多机构在这些挑战上进行投资，但是很多进步源自创新。我们必须参与到那些关于政策和主张的辩论当中。很多机构不愿意这样做，但是进步只有在不断的辩论中才能变得稳定可靠。我们必须支持每一个领域当中独立且强有力的领导者。与各个领域的专家合作比自己努力更为有效。

我们必须承担今天的风险，为更美好的明天吸取经验和教训。我们笨鸟先飞，即便遇挫，也要继续前行。我们的个性化学习、使用互联网参与社区教学和医疗的经历塑造了属于我们的哲学。我们这一代成长于不能因材施教的课堂教育，以同样的速度教同样的内容，忽视了我们的兴趣和需要。你们这一代可以以自己想要成为的人设定目标，像是工程师、医疗工作者、作家或是社区领袖等。你们可以用技术来获知怎样学习才是最好的以及哪些方面是要重点学习的。你们可以在你们最感兴趣的领域进步很快，也可以在你们觉得最困难的领域获得尽可能多的帮助。你会探索到今天的学校没有教的课题。你们的老师也会提供更好的工具和数据来帮助你实现目标。

更棒的是，即使没有住在一个好学校的旁边，全世界的学生仍然可以在互联网上运用个性化的工具。当然，除了技术之外，我们也可以通过其他手段给每一个人公平的起跑线，但是个性化学习确实给了所有孩子一个可行的方法来实现更好的教育和更公平的机会。

我们正在开始开发这样的技术，结果也充满希望。学生不仅在考试中获得了更好的成绩，他们还有了足够的技巧和信心来学习任何他们想要学习的知识。这趟旅程才刚刚开始。技术和教学在你在校的每一年都会有所进步。

我和你的母亲都教过学生，我们都见证了技术所带来的变化。这项技术会与教育界的领袖人物合作，这会使全球所有的学校都采用个性化教育的方式。这项技术会参与到社区教育当中，这也正是我们开始旧金山港湾区（San Francisco Bay Area）社区项目的原因。这项技术会开发新的技术并尝试新的想法。同时它也有可能犯错，从中吸取教训，并达到最终的目标。

但是一旦我们意识到我们可以为你们这一代创造这样的世界，我们就有责任把我们的投资聚焦于未来，使之成为现实。我们会一起完成这项技术。当我们做这项技术的时候，个性化学习不仅会帮助那些好学校的学生，也会为任何一个能上互联网的人提供更平等的机会。

你们这一代人的很多机会都会来自互联网。人们常常认为互联网只是为了娱乐和交流，但是对于世界上的大多数人来说，互联网是一条救生索。当你周边没有好学校的时候，互联网为你提供了教育；当你周边没有医生的时候，互联网为你提供了如何预防疾病、抚养健康的孩子的讯息；当你周边没有银行的时候，互联网为你提供了金融服务；当你的经济状况不佳的时候，互联网为你提供了工作和机会。

互联网实在是太重要了，在每 10 个能上网的人当中，就有一个人脱贫，就有一个新的工作产生。但是世界上仍然有超多半数的人，也就是 40 多亿人不能上网。如果我们这一代能使他们上网，我们就可以帮助数以百万计的人脱离贫困。我们也可以帮助数以百万计的孩子获得教育，帮助数以百万计的人们远离疾病。

技术和合作可以带来另一个长远的成就。它能够帮助新技术的发明，从而使得互联网的成本更低，并连接到偏远地区。它能够与政府、NGO 和公司合作。它能够参与到社区当中，了解他们的需要。在我们成功之前，不同的人对于未来更好的发展有不同的见解，我们会为此做出更多的努力。

技术不能自己解决问题，我们可以一起走向成功并创造一个更加公平的世界。创造更好的世界需要从创造强有力和健康的社区开始。当孩子们学习的时候，意味着他们有着最好的机会。当他们健康的时候，他们学得最好。健康是一件要很早着手的事情，有爱的家庭、良好的营养和安全、稳定的环境对于孩子的健康来说都很重要。

早年受到过创伤的孩子通常无法得到心智和身体的良好发育。研究表明，大脑发育的改变导致他们的认知能力下降。你的母亲是一个医生和教育家，所以她及早意识到了这一点。如果你的童年不是很健康，那么你很难发挥出你所有的潜能。如果你必须要担心食物和房子，或是担心虐待和犯罪，那么你很难发挥出你所有的潜能。如果因为自己的肤色，你担心自己相比考上大学更容易锒铛入狱，或者因为你的不合法的法律地位，你担心你的家庭会被驱逐出境；又或者因为你的宗教、性取向或者性别身份，你担心你会面临暴力，那么你很难发挥出你所有的潜能。

我们需要让整个社会体系认识到这些问题之间是相互联系的。这就是你母亲所构建的新学派的观点。通过与学校、健康中心、父母联合会和当地政府的联系，通过保证所有孩子从小就被好好喂养和照顾，我们开始把这些不平等现象联系起来。只有这样，我们才能开始一起给每一个人平等的机会。实现这个目标还需要很多年，但是这是另一个证明人类的潜力提升与促进公平之间是怎样紧密地联系在一起的例子。我们想要实现的任何一个目标，都要先创造强有力和健康的社区。

为了让你们这一代居住在一个更好的世界，我们这一代有太多事情需要做。今天我和你的母亲竭尽毕生，以自己的绵薄之力来帮助解决这些问题。我会在接下来的很多很多年里仍然担任脸谱的 CEO，这些问题太过重要，时不我待。因为在现在这样一个年轻，我们希望在余生中尽可能见到付出产生的效果。

鉴于你开启了陈-扎克伯格（Chan-Zuckerberg）家族的下一代，我们也要开始陈-扎克伯格倡议（Chan-Zuckerberg Initiative）：为了下一代的孩子，邀请全世界的人们一起发掘人类潜力和促进人类平等。我们倡议会重点关注在个性化教育、治疗疾病、联合人们和创建强有力的社区等领域。

我们会在接下来的人生中捐出脸谱 99%的股份（现市值 450 亿美元，约 2 879 亿元人民币）来完成我们的使命。我们知道相对于其他已经投入这些问题上的所有资源和才智来说，我们所尽的只是绵薄之力。但我们希望尽我们所能，与他们共同努力。

在接下来的数月中，当我们适应了新家庭的生活节奏，并从产假中恢复过来后，我们会分享更多的细节。

因为我们已为人父母，开启了人生的新篇章，我们想要对使得人类进步和人类平等成为可能的所有人致以崇高的敬意。我们之所以能做这样的工作只是因为在我们身后有一个强大的全球社区。脸谱为下一代创造了能使世界更美好的资源，脸谱社区中的每一个人都在这个工作中尽了一份力。

站在为之奉献的专家——我们的导师、伙伴和很多卓越的人们的肩膀上，我们才得以实现这样的进步。同时，因为身边有相亲相爱的家庭、支持的朋友和很棒的同事，我们才维护好了这样一个社区并完成了这样一个使命。我们希望你们也能在各自的生活中有这样深厚而美好的感情。

马克斯，我们爱你。我们体会到了巨大的责任感，要使你和所有的孩子所居住的世界变成一个更好的地方。你给予了我们爱、希望和喜悦，我们希望你的生活也能充满相同的爱、希望和喜悦。我们迫不及待地想要看到你给这个世界带来的美好。

爱你的：爸爸、妈妈

第十三堂课 道家的辩证法

提　要

1. 道家的辩证思想是如何体现的？
2. 辩证地看待问题对我们的意义何在？

东西方哲学背景比较

重视固化和重视变化是西方哲学和中国哲学在某种程度上的一种区别。西方哲学基于工业和贸易的背景产生，中国哲学则产生于农耕文明。工业和贸易的主要对象是产品和商品，是被固化了的事物，而农业的主要对象是农作物，是随着季节生长而变化的事物。

西方哲学都是从定义事物开始，事物确定以后再描述它们之间的关系，从而实现分析、推理和逻辑思考。由于西方哲学一开始讨论的事物就以固化的方式进行，所以一是一、二是二，事物之间的关系很明确，逻辑性也很强，很容易理解。但面对有生命的事物，它采取的方式是在物质的基础上增加精神的概念，希望通过物质和精神的叠加来说明生命的本质，最终导致了唯物主义和唯心主义的两大派别的出现。

中国哲学直接面对变化的事物，即有生命的事物。中国古代哲学两部最重要的著作《易经》和《老子》，其核心内容都讲到了“变化”，探讨的是变化规律。有生命的事物是不可分的一个整体，是变化的，但是有变化规律存在其中。所以《老子》开头就讲“道可道，非常道；名可名，非常名”。

《老子》的“道”指规律，“德”则是规律变化在人的群体中的体现。因为变化本身是不可能确定的，能确定的是变化的瞬间、变化留下的痕迹。道是无，德是有，无中生有。

德是能被感知的，而中国哲学的要求就是从德中去体会道的存在，这才是格物致知的真正意义。

老子认为一切现象都是在相反对立的状态下形成的。《老子》第 2 章说，“有无相生，难易相成，长短相形，高下相倾，音声相和，前后相随”。人间的存在价值也是对应形成的。同样，第 2 章中又说：“天下皆知美之为美，斯恶已；皆知善之为善，斯不善已。”

老子认为任何事物都有它的对立面，同时因它的对立面而形成，并认为“相反相成”的作用是推动事物变化发展的力量，这就是“反者道之动”的含义。进一步来讲，老子告诉我们相反对立的状态是经常互相转化的。《老子》第 58 章说：“祸兮，福之所倚；福兮，祸之所伏。”这与《淮南子》中“塞翁失马”的故事讲的是同一个道理：

> 塞上之人，有善术者，马无故亡而入胡。人皆吊之。其父曰：“此何遽不为福乎?”居数月，其马将胡骏马而归。人皆贺之。其父曰：“此何遽不能为祸乎?”家富良马，其子好骑，堕而折其髀。人皆吊之。其父曰：“此何遽不为福乎?”居一年，胡人大入塞，丁壮者引弦而战，近塞之人，死者十九，此独以跛之故，父子相保。故福之为祸，祸之为福，化不可极，深不可测也。

这个故事用一种文学化的方式讲出了深刻的哲理：人生过程中祸福相倚，并没有绝对的好和坏。普通人只看到事物的表面，不能进一层透视其中隐藏的相反的可能性，这是智慧不足的表现。事实上，祸患的事情，未必不潜藏着正面的因素；幸福的事情，或许也含藏着祸患的因子。这个道理，在经验世界中处处可见：常可以看到一个人处于祸患的境遇中，反倒激发其奋发的心志，使他迈向更光明之处；也经常可以看到一个人处于幸福的环境中，反倒养成怠惰的习性，使他走向颓败之路。世事每分每秒都在互相对立和互相促进中转化。

老子认为一切事物都在对立的情状中反复交变着，这种变化过程是无止境的。老子为什么这样重视事物相反对立的状态和事物对立面的转化呢？首先，他认为事物是在对立关系中生成的。因此观察事物不仅要观看它的正面，也应该注视它的反面（对立面），两方面都兼顾到，才能算是对事物有了全盘的了解。常人只是执守于正面的一端，然而老子则提醒大家更要从反面的关系中去把握正面的深刻含义。

其次，老子不仅强调要从反面的关系中发现正面的含义，还提示大家要重视相反对立面的作用，甚至他认为如能执守事物对立面所产生的作用当更胜于正面所显示的作用。例如在雄雌、先后、高下、有无等等的对立状态中，一般人多要逞雄、争先、登高、据有；老子却要人守雌、取后、居下、重无。老子认为守雌要胜于逞强，取后要胜于争先。他说明下是高的基础，奠基不巩固，高的就要崩塌了。他又指出“有之以为利，无之以为用”，如果没有“无”，那么“有”就不能发挥出作用来。一般人都知道“有”的用处，却往往忽略了它的反面“无”的作用。在《老子》第 11 章，他举了 3 个例子说明“无”的作用：（1）有了车毂的中空，才有车的作用；（2）有器皿的中空，才有器皿的作用；（3）有门窗的中空，才有房屋的作用。所以老子说：“有”给人便利，“无”发挥了它的作用。这些例子，都说明了反面作用比正面的作用更大。

最后，老子认为事物发展到某种极限的程度时，会改变原有状况，进而转变成它的反面。这就是“物极必反”的道理：事物达到强的顶峰、盛的极致时，也就是向下衰落的一个转折点。《老子》第 36 章说：“将欲歙之，必固张之；将欲弱之，必固强之；将欲废之，必固举之；将欲取之，必固与之。是谓‘微明’。”这段话的意思是：要收敛的，必定先扩张；要衰弱的，必定先强盛；要废堕的，必定先兴举；要夺取的，必定先给予。这就是几先的征兆。历史上许多人把这段话当作权谋诈术，这真是莫大的曲解。“将欲歙之，必固张之”等情况，乃是“几先的征兆”，是对于“物极必反”观念的说明，和所谓“权谋诈术”之语毫不相干。天下的事物，势极则反，好比月之将缺，必极盈；灯之将灭，必炽明；花之将谢，必盛开，这些都是物势的自然规律。了解这种“物盛必衰”的道理，对于许多事情，当可先着一步，防患于未然，也可优先掌握情势，转危为安。

关于对立面转化的规律，老子说得很多，《老子》第 22 章说：“曲则全，枉则直，洼则盈，敝则新，少则得，多则惑。”第 42 章又说：“故物或损之而益，或益之而损。”这都是运用对立面转化的规律加以说明的。在第 77 章，老子还说：“天之道，其犹张弓与？高者抑之，下者举之；有余者损之，不足者补之。”老子认为自然的规律，减少有余用来补充不足。这也是“反”律第一意义的说明。

老子认为“道”表现了这种规律：它的运动和发展是向对立面的转化。当“道”作用于事物时，事物也依循着这个变化规律而运行。

循环运动的规律

老子重视事物相反对立的关系和事物向对立面转化的作用。但老子哲学的归结点却是返本复初的思想。“返”和“复”，与“周行”同义，都是循环的意思。这是“反”的第二意义。“反”若做“返”讲，则老子说：“反者道之动。”即是说“道”的运动是循环的，循环运动是“道”所表现的一种规律。关于“道”的循环运动，老子在《老子》第 25 章和第 16 章上都说过了。他说：“有物混成，先天地生。寂兮寥兮，独立而不改，周行而不殆，可以为天地母。吾不知其名，强字之曰‘道’，强为之名曰‘大’。大曰‘逝’，逝曰‘远’，远曰‘反’。故道大，天大，地大，人亦大。域中有四大，而人居其一焉。人法地，地法天，天法道，道法自然。”“致虚极，守静笃。万物并作，吾以观复。夫物芸芸，各归其根。归根曰‘静’，静曰‘复命’。复命曰‘常’，知常曰‘明’。不知‘常’，妄作凶。”

老子形容“道”时，说到“道”是“周行而不殆”的。“周”是一个圆圈，是循环的意思。“周行”即是循环运动，“周行而不殆”是说“道”的循环运动生生不息。“逝曰‘远’，远曰‘反’”就是指“周行而不殆”。

第 16 章上讲“万物并作，吾以观复”，其中，“复”也是“周行”的意思。老子从万物蓬勃的生长中看出了往复循环的道理，他认为“夫物芸芸，各归其根”——纷纷纭纭的万物，最后都会各自返回到它的本根。在这里可以知道老子所说的“反”含有返回本根的意思。老子认为本根就是一种虚静的状态（“归根曰‘静’”）。在他看来，“道”是合乎自然的，虚静是自然状态的，“道”创生万物以后，万物的运动发展就越来越远离“道”了，离“道”越远，就越不合乎自然了，因而万物的烦扰纷争都是不合自然的表现。所以只有返回到本根，持守虚静，才体合于自然，才不起烦扰纷争。关于“虚”“静”的观念，上一章我们已经详细解说过。

由“反”的概念，说明“道”和“道”所作用的事物，依循着如下的规律：(1) 事物向相反的方向运动；(2) 循环运动，返回原点。

此外，《老子》第23章上说：“故飘风不终朝，骤而不终日。”第36章说：“柔弱胜刚强。”第29章说：“为者败之，执者失之。”意思是出于强力，就一定会失败；加以把持，就一定要失去。这些也都是自然的规律。了解自然的规律就是知“常”，即事物变动的不变之规律，“知常曰‘明’。不知‘常’，妄作凶”。人应依循着自然的规律去行事，如果不依循自然规律而轻举妄动，就会出乱子。

老子哲学里充满辩证法（对立统一）思想，老子用“反”（返）这个范畴来表达事物总是向对立面转化且是统一的。

“反”是道的四性之一

天地是自足完满的，不以主观意志主宰万物，为万物提供了生长的条件而不加以干预，“道”也是自足完满的；万物无时无处不处于运动变化之中，“道”也是运动变化的；万物之现象世界是一个深远的广博世界，“道”也是深远广博的；天下万物的运动方式总是向对立面转化，在转化中却是对立统一的，“道”也是对立统一的。所以老子说：“强为之名曰‘大’。大曰‘逝’，逝曰‘远’，远曰‘反’。”意思是我勉强为它命名叫完满，也叫变化、广博、反转。大，即无限、完满；逝，即流逝、变化；远，即深远、广博；反，即相反，向对立面转化，也就是反转。

老子勉强用“大”字来形容道的本质，大即完满，即理想状态，自足无限、尽善尽美、没有欠缺。老子还用逝、远、反三个辅助特征解释道的本质。“逝”包含流逝、变化、运动的含义，是在说道具有时间性。对比来看，孔子对时间的流逝性也有感慨，《论语》说：“子在川上曰：‘逝者如斯夫，不舍昼夜。’”叔本华对于时间的流逝性也有过描述：“在一个一切均在飞逝的世界上，唯有变更是持恒的。”“在时间上，每一瞬只是在它吞灭了前一瞬、它的‘父亲’之后，随即同样迅速地又被吞灭而有其存在一样；如同过去和将来只是像任何一个梦那么虚无一样；现在也只是过去未来间一条无广延无实质的界限一样。”我们也都很熟悉赫拉克利特“人不能两次踏入同一条河流”的论述。相应地，“远”则在说道的广大无边，说道具有空间性。“反”，即反转，是说道向对立面转化，呈现出对立统一的特征。“祸兮，福之所倚；福兮，祸之所伏。”本身就是强调了事物潜在的转化性。

老子提出的道，不是概念和语言的游戏，而是为了给人生和社会确定一个本原和归宿。可以说，一切哲学都是为了人，都要回到人。正如休谟所说：“任何学科不论似乎与人性离得多远，它们总是通过这样或那样的途径回到人性。”老子认为道是完满的，所以个人安身立命、成就理想的人生，就要遵循道；群体和谐共生、成就理想的社会，那也要遵循道。个人出现的精神冲突，是背离大道的结果；社会出现的混乱状态，也是背离大道的结果。

反者，道之动

道的四个特征：大、逝、远、反（完满、变化、广博、反转），“反”是反转的意思（同“返”），即事物总是向它的对立面转化，也就是对立统一，老子说：“反者，道之动。”反就是道的运动方式。

黑格尔哲学讲的正反合，其中的“反”也是指事物存在相反的两个方面，且向自己的对立面转化。黑格尔宣称矛盾是一切生命和运动的源泉，一切事物都是矛盾，矛盾的原则统治一切。没有矛盾，就没有生命，没有运动、没有成长和发展，一切事物就会是死寂静止的存在。但是矛盾并非一切，自然界并不会停留在矛盾上，而是努力克服它。诚然，事物向它的对立面转化，运动却继续前进，对立面被克服和调和了，即变成统一的整体的部分。

经验世界包含着有和无两种相反的存在要素。有和无，即存在和消亡两种状态，“无”即是“亡”，道也必然蕴含着有和无两个要素。有和无相对区别，同时也是道的一体两面，是个不可分割的整体；有和无相互转化，有中蕴含着无，无中蕴含着有；有和无还是同时的，没有时间先后和地位轻重之分。有转化为无的同时，已经变成了新有，这之间并没有间隔，有和无就是在变化中得到统一的，即“有无之相生也”。

黑格尔也认为，有和无既是矛盾又是统一的。他说：“因此‘有’和‘无’的真理，就是两者的统一，这种统一就是变易。”还说：“在变易中，与无为一的有和与有为一的无，都只是消逝着的东西。变易由于自身的矛盾而过渡到有与无皆被扬弃于其中的统一。”这也体现了老子所主张的有和无并不是对立的，而是相生、统一的，但老子早于黑格尔 2 000 多年。有无相生的思想，一方面包含有和无的对立统一，另一方面包含有和无的变易，即有无时无刻不在消逝为无，无时无刻不在消逝为有，但两者的变易是同时的，所以在一定意义上有就是无，无就是有。

人法道之动（反），就是要认识到道既向对立面转化，同时又是一个统一体，因此要消解二元对立的狭隘认识和非此即彼的虚妄价值判断，树立一种辩证法的认识观。

人类总是热衷于建立各种标准，客观事物中的有无、难易、长短、高下、音声、先后的差异，也是人为划分的，因此它们之间只具有相对的差异，其实也属于同一整体，不可截然二分。所以老子说：“有无相生，难易相成，长短相形，高下相倾，音声相和，前后相随，恒也。”（有和无相互生成，难和易相互形成，长和短相互形容，高和下相互呈现，音和声相互和合，先和后相互跟随，这是永恒的现象。）关于事物的相对区别，共为整体，正如《老子》第 42 章中所说：“万物负阴而抱阳。”

链接阅读：《易经》与马克思主义唯物辩证法

作为中国哲学思想的总源头，《易经》以阴阳符号的相互作用表示自然现象及人文社会中的相互关系与变化规律，被称为“群经之首、大道之源”，对我们认识客观规律、发掘问题本质具有重大的启发和指导意义。

唯物辩证法是马克思主义的精华，揭示了事物发展的本质规律，是指导人类认识世界、改造世界的有力武器。作为中国传统文化的经典，也有研究者称《易经》为中国古代的朴素唯物主义辩证法。我们不妨从《易经》思想与唯物辩证法的三个基本规律本质上的契合出发，从中国传统文化的角度理解并认识马克思主义唯物辩证法。

《易经》与对立统一

马克思揭示了事物内部对立双方的统一和斗争是事物普遍联系的根本内容，认为其是事物变化发展的源泉和动力。而《易经》中的基本符号——阳爻与阴爻，以及其同义词刚与柔，无不体现着对立统一这一根本规律。

“一阴一阳之谓道”“刚柔相推，而生变化”，揭示了矛盾是事物的本质属性，矛盾双方的相互作用是事物变化发展的动力；“无平不陂，无往不复”，则是矛盾双方统一性的最佳表现。一切事物都处于不断的运动之中，故矛盾是事物最普遍而本质的属性，因此矛盾双方的相互作用规律也是不断变化的，《易经》曰：“变动不居，周流六虚，上下无常，刚柔相易，不可谓典要，唯变所适。”指出不能以停滞的眼光看待事物。再有泰卦“天地交而万物通”、否卦“天地不交而万物不通”，表明了矛盾双方相互作用的重要性。因为《易经》的传播，对立统一规律才被中国人广泛理解接受。

在《易经》的六十四卦中，纯阳的乾卦与纯阴的坤卦、先天八卦与后天八卦排序中，坎、离两卦“水火不相射”的位置关系，无不是事物中矛盾特殊性的体现；“卦有小大，辞有险易”，每一卦都有主爻代表其主要特征，这是注重矛盾主次问题的体现。但事物中比较特殊、极端的方面到底是少数的，且难以把握尺度，易失于偏颇。对于某些问题，即使研究得再深入，若脱离了与其他事物的联系，所得到的研究结果很可能是无意义甚至是灾难性的。因此，《易经》的思维所重视的是普遍现象与规律，这与马克思主义普遍联系的观点一致，而《易经》中又有强烈的忧患意识，“其辞危”，而“危者使平，易者使倾”，谋求的是人类社会发展的长久稳定。

《易经》以乾坤为门，设天道、地道、人道，是最普遍联系的观点；“一阴一阳之谓道”，必是阴阳并举、刚柔相对，矛盾双方始终对立统一；“六爻之动，三极之道也”，“刚柔相推，而生变化”，运动是事物的存在形式，矛盾的对立统一性是运动的根本原因。最为重要的是，《易经》在揭示这一规律的同时，又饱含忧患意识，在认识、利用规律的同时要“与天地准，故能弥纶天地之道”，这是《易经》为指导人类和平发展提供的宝贵财富。

《易经》与质量互变

质量互变规律揭示了一切事物运动、变化、发展的两种基本状态，即量变和质变以及它们之间的内在联系与规律，表明事物由于内部矛盾所引起的变化是通过量变和质变互相转化而实现的。对《易经》而言，即使是对其不甚了解的中国人也会说，《易经》讲的是物极必反。虽然这种观点只代表整个《易经》哲学思想中的一小部分，但中华民族几千年历史进程中的经验教训，使得“盛极必衰，物极必反”的观念在每一个中国人的意识观念中根深蒂固。

诚然，《易经》的六十四卦中，每一卦由初到上发展，有很多呈现出物极必反的规律，如乾卦上九“亢龙有悔”，坤卦上六“龙战于野，其血玄黄”，还有“善不积不足以成名、恶不积不足以毁身”，等等。然而，物极必反并不是质量互变，更不是《易经》中表达的变化规律，仅仅是变化所产生的最终效果。量变和质变，是事物发展变化的两种基本形式。量变积聚引起质变，质变又可以引起新的量变，循环往复以至无穷，构成了事物无限发展的过程。“生生之谓易”，六十四卦的卦序始于乾坤而终于未济，“有天地，然后万物生焉”，变化发展的结果则是“物不可穷也，故受之以未济终焉”，变化无穷而永无止境。《易经》中描述事物变化发展的过程所采用的词汇是“终始”而非“始终”，这种同而复始的观念即是对事物无限发展变化过程的深刻认识。

对事物的发展变化，我们更加关注其变化过程，以认识理解变化规律，进而把握规律并加以利用。而《易经》对于如何认识并利用变化规律，至今仍旧具有十分深刻的解释。《易经》的思维之于变化，在于“知几”，“几者，动之微，吉之先见者也。君子见几而作，不俟终日”。譬如坤卦初六“履霜，坚冰至”，豫卦六二“介于石，不终日，贞吉”。《易经》对变化的敏锐与深刻的“知几”思维，是对变化规律的根本性认知与把握，“极深而研几”，则可“通天下之志”“成天下之务”。同样，认知与掌握变化规律，也体现了中国传统的经世致用的思想，与马克思的实践主义精神相契合，把理论化为实际，以实践为标准检验理论。《易经》尽管是对宇宙万物整体性的直观思维方式，但采取的方式为“仰则观象于天，俯则观法于地，观鸟兽之文与地之宜，近取诸身，远取诸物”。其对规律的认知与把握来自客观世界，而非主观想象，也可纳入现代科学的思维范畴。

质量互变不只强调事物的本质变化，更有双方相互作用而产生的变化的无限性与规律性。《易经》周而复始的逻辑，以及对变化征兆（“几微”）的重视，对质量互变规律做出了完备而科学的表述。

《易经》与否定之否定

“穷则变，变则通，通则久。”否定之否定规律揭示了事物发展的全过程和总趋势，是唯物辩证法基本规律的综合体现。事物都是肯定方面和否定方面的统一，事物的发展是通过他自身的辩证否定实现的，即肯定—否定—否定之否定—肯定的螺旋式的前进运动。事物发展过程中的每一阶段都是对前一阶段的否定，同时它自身也被后一阶段再次否定。这一规律在《易经》中的体现则是“穷则变，变则通，通则久”的循环。两者的不同之处在于，唯物辩证法强调事物的内因，而《易经》不仅包括内因，还有强烈的时间与空间观念，即时位思考方式。

我国农业文明开发较早，且发达程度较高，而时间本身对于农业生产尤为重要，故对“时”的认识与思考，向来是中国人的思维习惯，也就是《易经》中所讲的“损益盈虚，与时偕行”，放之于今日则是与时俱进。我国自古以来幅员辽阔，山川地貌对人类的生产生活同样产生很大影响，反映到《易经》中则是代表坤之柔顺的“西南”及代表艮之险阻的“东北”。

否定之否定规律同样表明了事物的发展形式：螺旋式上升、曲折式渐进。《易经》中先天八卦排序所反映的“S形”太极线，后天八卦排序的“帝出乎震，齐乎巽，相见乎离，致役乎坤，说言乎兑，战乎乾，劳乎坎，成言乎艮”，也体现着螺旋式的前进运动。否定之否定的发展趋势，是“矛盾—变化—修正—发展”。从易经的卦序来看，由“升”至“困、井”之艰难，接下来则是“革”故“鼎”新，变化所产生的新事物势必不够稳定，仍存在较大变动因素，及“震”，需要使其有所止，实现稳步渐进，即接下来的“艮、渐”。《易经》在反映事物发展变化总趋势的同时，将时空观念与事物内因相结合，这一思想对高速发展变化的现代社会意义重大。

马克思说，每个时代都有属于自己的问题，准确的把握并解决这些问题，就会把理论、思想，把人类社会发展大大向前推进一步。随着我国综合国力的不断提升、国际影响力的不断提高，中国面对的国际环境日益复杂，马克思主义也在全球一体化的总体趋势中体现出更大、更强的生命力。以《易经》为代表的中国传统文化，其思想精髓与马克思主义唯物辩证法具有高度的一致性。从《易经》的角度出发，我们对唯物辩证法所揭示的事物发展本质、发展规律及形式，事物间的普遍联系性、矛盾性等问题，找到了中国式的理解与阐发，同时认识到了中国传统文化中的时空变化观念，进一步扩充了唯物辩证法的中国式内涵，对指导我国社会主义现代化建设、对实现世界和平与发展两大主题具有重大意义。

第十四堂课 生死逍遥

提要

1. 庄子的“逍遥”，到底是什么意思？
2. 如何看待庄子的生死观？这种生死哲学对我们的启示意义在哪里？

何以逍遥

庄子（约公元前369—前286），名周，字子休（亦说子沐），宋国蒙（今河南商丘）人。战国中期著名的思想家、哲学家和文学家，是继老子之后道家学派的主要代表人物之一。庄周因崇尚自由而不应楚威王之聘，生平只做过宋国地方的漆园吏，史称“漆园傲吏”。他的代表作品为《庄子》，其中的名篇有《逍遥游》《齐物论》等。

庄子的想象力极为丰富，语言运用自如、灵活多变，能把一些微妙难言的哲理说得引人入胜。他的作品被人称为“文学的哲学，哲学的文学”。据传，又尝隐居南华山，故唐玄宗天宝初，诏封庄周为南华真人，称其著书《庄子》为《南华真经》。

翻开《庄子》看到《逍遥游》，我们都知道它讲的是一条鱼变成鸟的故事，还讲了三遍，目的何在？其实是在提醒我们：人的生命的可贵就在于可以不断地转化。古今中外，哲人们都在探讨生死的关系、生命的意义。如果人的生命不能够转化的话，人生就会令人一眼看透，产生虚无主义情绪。生老病死、喜怒哀乐、恩怨情仇、悲欢离合，最后归结于空。这也正如佛经里所说的：“一切有为法，如梦幻泡影，如露亦如电，应作如是观。”所以庄子希望用一种不同的视角来看待和解释世界。

人在世上安身立命需要各种资源、各种依附，家庭、学校、社会，没有人可以离开这些而生存在真空里。但是随着一个人境界的提升、格局的扩展，人的生命层会变得更加丰富，当内在的力量足够强大，对于外在环境的依赖程度就会逐渐减少。

《庄子》中讲人的一种状态叫“身若槁木之枝而心若死灰”。这两个词看起来让人有点绝望：身体像已经枯了的木头，不会再发芽了；心像死灰一样。貌似很消极，换个视角看，这正是一个开始。老子曾说：“吾所以有大患者，为吾有身，及吾无身，吾有何患?”身如槁木，其实是说人不再受欲望的拖累和绑架。在道家看来，这是一种功夫，叫作“心斋”，即心的斋戒。

人的生命有身有心，庄子认为在身心之上还有更高的一个层面叫作“精神”。“精神”这两个字是庄子最早开始使用的，但庄子所说的“精神”，是“槁木死灰”的状态之后人展现出来的状态，是从“道”里生出的。

庄子真正的本意是提醒人们要经过某些修炼，把身心那种自然的冲动和欲望化解掉，不再执着，这时人才跟道有一种契合，这种生命状态展现出来的特质才可称为“精神”，这个精神才可以自由逍遥。如果没有经过这样的修炼，逍遥游的境界是不可能达到的。

《庄子》中对于理想人格不同境界的描述有很多，有“真人”“至人”“神人”“圣人”“德人”“大人”“天人”“全人”等，其中表述得最为完整的是“真人”。“真人”的精神境界是“死生亦大矣，而无变乎已”，也就是说，纷扰心境安宁、囿于精神自在的死生界限，常人是无法突破的，只有达到了真人的境界才可以。“真人”一词使人觉悟：世间有许多假人。离开道的都是假人，就像脱离泉水的鱼无法活命一样，假人只是苟延残喘，在变化过程中消耗殆尽，走向幻灭的结局。庄子描写真人，“其寝不梦，其觉无忧，其食不甘”，意思是真人睡觉时不做梦，醒来后没烦恼。他饮食不求甘美，呼吸特别深沉。这是因为他超越了凡人的嗜欲。这种无情无欲的精神境界，实际上就是一种“喜怒哀乐不入于胸次”的安宁、恬静的状态。

外化而内不化

《知北游》中说：“仲尼曰：‘古之人，外化而内不化，今之人内化而外不化。’”庄子思想最可贵的是有超离也有随缘，他追求精神的逍遥，但又可以回到人间，最典型的就体现在这五个字：“外化内不化”。外面跟别人同化，随顺众生，但内心里面决不放弃对道的持守。

“外化”就是改变内在的自然本性，如追慕权贵、虚伪逢迎等，“内不化”反之，是保持内心的本真。对外物的顺应叫“外化”，反之则为“外不化”。庄子主张顺应外物而保持本性。人们一般的理解，顺应了外物往往要改变本性，比如孔子讲的“复礼”就是对社会制度的顺应，但“复礼”的前提却是“克己”，无疑是对内心自然本性的伤害。“外化”和“内不化”是否矛盾？在庄子看来其实并不矛盾，非但不矛盾，并且“外化”和“内不化”是相辅相成的关系。

“内不化”是说无论什么情况下都保持自己的自然本性不做变化，而“外化”的含义，我们可以参照《大宗师》里“外天下”和“外物”的说法，“外天下”就是能够超越到社会生活之外，即不入世不流俗；“外物”就是能够超越到万物之外而又能够“以道观物”。这样我们就可以找到三个层次：最低的层次就是“天下”，就是我们熟悉的世俗社会；第二个层次就是“外天下”，超越世俗的境界，达到了“物”的境界，这时候就是“以物观物”了；再高的层次就到了“外物”，这时候就是《齐物论》里说的“万物一齐”“以道观物”了。

那么“外化”是指哪个层次呢？“天下”层次的“外化”是对世俗社会的一种反应，即受到礼法制度、道德规范的约束，这当然是对精神自由的伤害，显然不是庄子所主张的；“外天下”即“物”的层次，这时候那些世俗的东西已经约束不了人了，而是随万物的变化而变化。但这个时候因为是“以物观物，自贵而相贱”，还是有“成心”的干扰，这种“外化”也可能会表现出偏执；而到了“外物”的层次，则“万物一齐”，从而形体的外化表现为“与道游”。这才是庄子所说的“外化”的境界。

所以，“外化”是超越世俗甚至万物的、在道的层面对道的顺应。这时候是否顺应已经与世俗毫无关系了。那么和“物”是什么关系呢？因为到了道的高度，万物之间就没有了区别，都成为道的载体，所以也可以说是对道的层面的“物”的顺应。

换言之，所谓“外化”其实就是“处物”的一种态度和方式。“外化”是对物的顺应而不是对抗，人和物就成为和谐的关系而互不相伤了。那么，内心受到伤害了吗？当然没有，因为物的变化就是道的运行，人与道随化，内心的本真不用刻意保持而得到了保持。从这个意义上说，“外化”恰恰是“内不化”的前提，而“内不化”则是“外化”的结果。

那么，为什么“天下”层次的随化会对内心形成伤害呢？老子认为人类社会自身的发展规律也必须遵循大道，但由于人类的“有为”而造成天下失道，“失道而后德，失德而后仁，失仁而后义”，总之，一出现问题就“有为”，越“有为”，天下就越乱。在这个过程中，人类社会就产生了很多的人为的规则，比如道德规范与法律制度。而这些东西在庄子看来正是对人性的束缚，是必须摆脱和超越的。一旦对世俗规则顺应就必然造成内心的扭曲，甚至以个体的生命、自由、尊严等为代价，内心的自然本性就不可能保持了，所以“内不化”具有重要意义，只有坚持“内不化”才能抵御世俗的人为规则，才会超越“天下”的层次而达到道的层次。

“外化”与“内不化”相辅相成，两者互为前提又互为结果。甚至“外化”的程度也决定着“内不化”的程度，反之亦然。当然，前提是庄子必须允许“外化内不化”一定程度的存在。实际上，“外化”是“化于道”，而“内不化”是“守于道”，内外一也，这个人就成为“得道”的“至人”了。

当理解了“外化内不化”，自然就理解了“内化外不化”。那种以违背内心屈从于世俗人为规则的人，不仅内心没有“守道”，行为也没有“遵道”，精神自由完全丧失殆尽，在庄子看来是“俗人”，在孔子看来是“小人”。

庄子的生死观

> 生也死之徒，死也生之始，孰知其纪！人之生，气之聚也。聚则为生，散则为死。若死生为徒，吾又何患！
>
> ——《知北游》

在庄子看来，生与死如同春夏秋冬的自然变化一样，生命本来就是气的聚散：“生是死的徒儿，死是生的开始。有谁知道它们的界限在哪里呢？生命的产生，只是气的集聚，死亡则是气的消散，如果我们把生死看成彼此的徒儿，还会为生死而烦恼吗？”

生死之所以相互为徒儿，在于彼此处于相互变换的位置，你现在看到了出生，那是气集聚起来，呈现在世人面前；你再看到了死亡，那是气消散了，从世人的视野中消失了。死亡只是恢复到它未出现在世人之前的那种状态而已，所以是归根复命。既然如此，那么谁能说死亡不是生命的开始呢？如同落叶归根，生生不息。

> 人生天地之间，若白驹之过郤，忽然而已。注然勃然，莫不出焉；油然漻然，莫不入焉。已化而生，又化而死，生物哀之，人类悲之。解其天弢，堕其天袠。纷乎宛乎，魂魄将往，乃身从之，乃大归乎！不形之形，形之不形，是人之所同知也，非将至之所务也，此众人之所同论也。
>
> ——《知北游》

庄子非常形象地描述了生死：人生天地之间，如同一匹白色的骏马跳过一道沟壑，只是顷刻之间的事情。突然间生命来到了世间，又悄无声息地离开了世间，转化而生，转化而死。生命死了，同类的生物莫不哀伤，人类则莫不悲恸。岂不知，死不过是解开了天然的生的束缚、活的累赘。生命的来去，纷纷然然、婉婉约约。生命的运化最终都回归了本原。从无形变化为有形，有形又变化为无形，这是人所共知的现象，却不是至人所追求的见地。

以世俗的眼光看，人生漫长难熬，苦乐参半，生命的过程充满着欢快、愉悦、痛苦、灾难等等；如以超然的眼光看，漫漫历史长河，人生何其短促，如一道闪光转瞬即逝。生命本来如此，何苦欢喜生厌恶死，我们自然地随了它的来去就行了。

生命的来去，说到底就是个转化而已，臭腐可以转化为神奇，神奇也可转化为臭腐。

在庄子看来，生与死共同存在于对立面之间相对转化的运动过程中，是道生万物的循环。死亡不过是世间万物不断循环中的一个环节，因而，死亡并不是走向完全意义上的终结，而是孕育了一个新事物的开端。

在庄子看来，死亡并不可怕，人类无须对死亡感到恐惧。死亡存在于生命的旅途中，宛如天边的晚霞，它引领着一个个生命体消逝于无边的黑暗之中，但它同样是一个个美丽的瞬间，甚至与生命初来人间时一样绚丽、璀璨。

庄子认为，这一切本是自然而然的事情。死亡仿佛只是改变了生命存在的形式，更换了生命存在的方式而已，然而，不管生命体存在与否，它都将永远跟随大道化作世间万物，周而复始。

一切生命有生必有死，这是任何生命形式都无法抗拒的自然规律。作为一般的生命形式而言，生就生了，死就死了，几乎没有讨论的价值。然而，人作为高等动物，由于拥有自我意识，人能够将生命作为意识的对象来看待——能够将“我本身”作为思维的客体来认识，也就是说，无论是生命的起源、生命的过程、生命的延续都成了自我意识的对象物。因而，如何面对死亡的问题，也必然成了人类文化的核心问题之一。在中国传统文化中，儒家和墨家对于死亡问题都有各自的认识方式，得出了不尽相同的结论，而庄子学说更是从哲学的高度系统地回答了人应该如何认识死亡的问题。

那么，庄子是如何认识人类的生死问题呢？

生死同一论

庄子从相对主义认识论出发，将生与死看成是对立面之间的相对转化运动，它们最终都将共同消融于大道之中，达到同一化，亦即以道观之，无生无死，生死同一。

他认为，人的生死只是自然现象，并不是人的力量所能控制的，只有道才是生与死的真正决定者。“死生，命也；其有夜旦之常，天也。人之有所不得与，皆物之情也。彼特以天为父，而身犹爱之，而况其卓乎！人特以有君为愈乎己，而身犹死之，而况其真乎！……夫大块载我以形，劳我以生，佚我以老，息我以死。故善吾生者，乃所以善吾死也。”（《庄子·大宗师》）这段话的意思是：死和生都是命定的，犹如黑夜和白天的交替那样，完全出于自然。有些事情是人无法参与和干预的，而这正是事物自然变化的实际状况。人们认为自然是给予自己生命的父亲，因而全心爱戴它，何况是对那卓然独立的道呢！人们认为国君一定是超过自己的，因而舍身效忠他，更何况是对那真实无比的道呢！天地以形体让我寄托，以生存让我劳苦，以衰老让我安逸，以死亡让我休息。所以，天地妥善安排我生存的（大道），也将妥善安排我的死亡。

生命体的生存与死亡如同自然界的四季变化一样平常，一切原本出自虚无与偶然。庄子的妻子死了，惠子前来吊唁，看到庄子蹲在地上，一面敲盆一面唱歌。惠子说：“你与妻子一起生活，她把孩子抚养长大，现在年老身死，你不伤心哭泣也就算了，竟然还要敲起盆唱着歌，这也太过分了吧！”庄子说：“不然。是其始死也，我独何能无概然！察其始而本无生，非徒无生也而本无形，非徒无形也而本无气。杂乎芒芴之间，变而有气，气变而有形，形变而有生，今又变而之死，是相与为春秋冬夏四时行也。人且偃然寝于巨室，而我噭噭然随而哭之，自以为不通乎命，故止也。”（《庄子·大宗师》）意思是：不是这样的。她刚死，我怎么会不伤心呢？然而我觉察到她开始原本就不曾有生命；不但没有生命，而且没有形体；不但没有形体，而且没有元气。然后在恍恍惚惚之中，变化出了元气，元气变化出了形体，形体变化出了生命，如今变化又回到死亡，这就跟春夏秋冬四季运行一样。死去的人已经安静地睡在天地的大房间里，而我却在一旁呜呜地围着她啼哭，我认为这是不明白生命道理的行为，所以停止了哭泣。

道是无穷无际、不生不灭的。庄子似乎从物质不灭定律的角度来看待生命的存在问题：生命体未生之前，它作为物质的形式已经存在了，只是没有聚合成为一个整体而已；生命体死亡之后，它作为物质的形式并没有消失，只是分散组成了不同的物体罢了。

“天下莫大于秋豪之末，而大山为小；莫寿于殇子，而彭祖为夭。天地与我并生，而万物与我为一。”（《庄子·齐物论》）意思是：天下没有什么比秋毫之末更大的了，而泰山还算是小呢；世上没有什么人比夭折的婴儿更长寿的，而彭祖还算是短命的呢。天地与我一起存在，万物与我合为一体。

死亡了的生命体虽然化成了烟与灰，但融于大道的生命还会转化为其他的物质存在形式，永恒地存在下去。

庄子将生命体、死亡后的生命、生命体转化后的“他物”混而为一，同归于“道”。由于取消生命体存在的内在确定性，庄子因而得出了“未尝死、未尝生”的“不生不死”的结论。

生死循环论

生命从哪里来？又将往哪里去？庄子认为，生与死是一个循环往复的过程，都是“道”运动的表现。人不能将自己的意志凌驾于“大道”之上，那样就会违背自然。《大宗师》中讲述了子来“视死如归”的故事：子来生了病，呼吸急促好像快要死去了，他的妻子儿女围在床边哭泣。子犁前往探望，对他的家人说：“嘿，走开！不要惊扰他自然而然的变化！”子犁靠着门对子来说：“伟大啊，造化的力量！它又将把你变成什么，把你送往何方？要把你变成鼠肝吗？要把你变成虫臂吗？”子来说：“父母对于子女，无论东西南北，子女们都只能听从吩咐调遣。大自然中阴阳的变化对于人，无异于父母。它要让我死亡而我如不听从，那是我忤逆不孝，而它又有什么过错呢？”

庄子认为，世界上的物种之间原本只是一个循环的自然而然的流变过程。“种有几，得水则为㡭，得水土之际则为蛙蠙之衣，生于陵屯则为陵舄，陵舄得郁栖则为乌足。乌足之根为蛴螬，其叶为胡蝶。胡蝶胥也化而为虫，生于灶下，其状若脱，其名为鸲掇。鸲掇千日为鸟，其名为乾馀骨。乾馀骨之沫为斯弥。斯弥为食醯。颐辂生乎食醯，黄軦生乎九猷，瞀芮生乎腐蠸，羊奚比乎不箰。久竹生青宁，青宁生程，程生马，马生人，人又反入于机。万物皆出于机，皆入于机。”（《庄子·至乐》）意思是：物种由微小的“几”而来，几遇到水就会长出断续如丝的继草，在水土交界处就长成青苔。落在丘陵高地上就长成车前草，车前草获得粪土的滋养就长成乌足草，乌足草的根变成金龟子的幼虫，叶子则变化成蝴蝶。蝴蝶很快又变化成为小虫，生活在炉灶下，形体就像是蜕了皮一样，它的名字叫作鸲掇。鸲掇一千天以后变化成为鸟，它的名字叫作乾馀骨。乾馀骨的唾沫长出虫子斯弥，斯弥又生出蠛蠓。颐辂从蠛蠓中生出来，黄軦从九猷中长出，瞀芮则产生于黄甲虫。羊奚草跟不长笋的老竹相结合，生出青宁虫；青宁虫生出大虫，大虫生出马，马生出人。人又返归造化之初的几。万物都产生于几，又都回到几之中。

胡适对于庄子的上述文字，惊呼为“奇文”，他在《庄子的进化论》一文中写道：“‘万物皆种也，以不同形相禅’这句话总括达尔文的《物种由来》。那时代的学者很少有人研究生物学，所以庄子能发出这种绝世惊人的议论来，依我看来，庄子这话，并非全是心中想象的结果，确实有科学的根据。”其实，庄子关于物种演化的理论，并非“进化论”，而是“循环论”。在庄子看来，物种是循环变化的，而不是从低级到高级的进化，最终不过是物种生生灭灭的“道”之显现而已。

生死无情论

庄子认为，既然死亡是自然而然的过程，是人力不能控制的，那么，人们就不必因为死亡而痛苦。庄子在书中讲了一个这样的故事：子桑户、孟子反、子琴张三人结交为友，子桑户死了，孔子听到这个消息后，派弟子子贡前去帮助料理丧事。而孟子反和子琴张两个人却分别在编曲、弹琴，相互应和着唱着歌："哎呀，子桑户啊！哎呀，子桑户啊！你已经返归本真了，可是我们还是人啊！"子贡对此大惑不解，回去把所见到的情况告诉了孔子，孔子说："彼方且与造物者为人，而游乎天地之一气。彼以生为附赘县疣，以死为决疣溃痈。夫若然者，又恶知死生先后之所在！假于异物，托于同体；忘其肝胆，遗其耳目；反覆终始，不知端倪；芒然彷徨乎尘垢之外，逍遥乎无为之业。彼又恶能愦愦然为世俗之礼，以观众人之耳目哉！"（《庄子·大宗师》）这段话意思是：他们正跟造物者结为伴侣，而逍遥于天地浑一的元气之中。他们认为人的生命像赘瘤一样多余，人的死亡像脓疮溃破一样。像这样的人，又怎么会顾及死生好坏的区别呢？在他们看来，生命只是凭借不同的物类寄托于同一个人的身体上。忘掉了体内的肝胆，也就忘掉了体外的耳目；生命的开始与结束是反复相接的，不知道什么才是真正的头绪。茫茫然彷徨于尘世之外，逍遥自在地生活在无所作为的境界，他们又怎么会烦乱地去遵行世俗的礼仪，而故意表演给众人观看呢？

庄子认为，对于死亡的悲伤是不必要的，这种悲伤甚至是一种违背自然的"刑罚"。人们因为亲朋好友死亡产生的悲伤之情，都来自人们试图逃避"天律"的"遁天之刑"。老聃死了，他的朋友秦失去吊丧，大哭几声便离开了。有人怪他对老聃没有感情，秦失回答说，我看到有些人在那里哭得很悲痛，这是"遁天倍情，忘其所受，古者谓之遁天之刑。适来，夫子时也；适去，夫子顺也。安时而处顺，哀乐不能入也，古者谓是帝之县解。"（《庄子·养生主》）人们如此喜生恶死是违反自然的，古人称这种做法为"逃避自然所招致的惩罚"。意思是：正当该他来时，老聃应时而生；正当该他去时，老聃顺依自然的规律而死。安于时分而顺从变化，哀乐之情就不能进入心中，古人把这看成是解除了自然的倒悬之苦。

生就生了，死就死了，人们不值得因为生与死而悲伤欢乐。某种意义上，庄子的这种"生死无情论"的思想，是对中国式母体文明的批判与超越。中华文明建立在家族历史主义意识形态基础之上，由血缘关系带来的喜怒哀乐，是中国人表达感情的基本方式。因而，越是深爱的亲人，在其离开人世时，人们就越是感到悲伤。庄子却认为，人们因此而产生的痛苦，不仅是不必要的，而且是一种"遁天之刑"。

生死超脱论

既然庄子眼中的生与死如四季变化一样不足为奇，他认为人们对于生命中的任何变化都应该坦然面对。支离叔和滑介叔在冥伯的山丘、昆仑的旷野游乐观赏，那里曾是黄帝休息的地方。忽然间，滑介叔的左臂上长出了一个瘤子，他好像有些吃惊，并且露出厌恶的表情。支离叔说："你讨厌这东西吗？"滑介叔曰："亡，予何恶！生者，假借也；假之而生生者，尘垢也。死生为昼夜。且吾与子观化而化及我，我又何恶焉！"（《庄子·至乐》）意思是：不，我怎么会厌恶它呢？拥有生命的形体，不过是借助外物凑合而成；一切假借他物而生成的东西，就像是尘土泥垢的聚积。人的死与生也就犹如白天与黑夜交替运行一样。现在我与你一道观察事物的变化，而这变化临到了我身上，我又怎么会厌恶它呢？

庄子认为，生命受之于天地之道，从本质上说，死亡不过是一种回归，而回归的最好方式就是回到大自然的怀抱中去。"庄子将死，弟子欲厚葬之。庄子曰：'吾以天地为棺椁，以日月为连璧，星辰为珠玑，万物为赍送。吾葬具岂不备邪？何以加此！'弟子曰：'吾恐乌鸢之食夫子也。'庄子曰：'在上为乌鸢食，在下为蝼蚁食，夺彼与此，何其偏也。"（《庄子·列御寇》）意思是：庄子快要死了，弟子们打算厚葬他。庄子说："我把天地当作棺椁，把日月当作双璧，把星辰当作珠玑，把万物都当作我的陪葬。我陪葬的东西难道还不齐备吗？哪里用得着再增加别的东西！"弟子说："我们担忧乌鸦和老鹰会把先生吃掉。"庄子说："在地面上将会被乌鸦和老鹰吃掉，深埋地下将会被蚂蚁吃掉，从那边抢过来交给这边吃掉，怎么能如此偏心呢！"

面对死亡，庄子豁达至此，也算是一种人生妙境吧。在他看来，死亡不仅不是可怕的，而且是人对世间烦恼的解脱与超脱。《庄子·至乐》中记述了庄子与骷髅的对话，表达了庄子对于死亡的乐观豁达的人生态度。庄子到楚国，途中见到一个骷髅，他头枕着骷髅睡去，夜半时分，骷髅给庄子显梦说："死，无君于上，无臣于下，亦无四时之事，从然以天地为春秋，虽南面王乐，不能过也。"意思是：骷髅告诉庄子说，人一旦死了，在上没有国君，在下没有臣子，也没有四季要操劳的事，自由自在地与天地共存，就算是南面称王的快乐，也不可能超过它啊！

庄子如此看待生命，有人或许认为有些消极。事实上，他的认识高度和思考深度早已超越了常人。因此，并非人人可以去践行他的思想，他的思想价值和意义或许正在于给我们提供了一个不同的视角和参照系，让我们对生命有不同的认识和看待。

链接阅读：《庄子》精彩语句

天地有大美而不言，四时有明法而不议，万物有成理而不说。圣人者，原天地之美而达万物之理。

——《知北游》

凡人心险于山川，难于知天。

——《列御寇》

忘其肝胆，遗其耳目，芒然彷徨乎尘垢之外，逍遥乎无事之业，是谓为而不恃，长而不宰。

——《达生》

日出而作，日入而息，逍遥于天地之间，而心意自得。

——《让王》

不乐寿，不哀夭，不荣通，不丑穷，不拘一世之利以为己私分，不以王天下为己处显。显则明。万物一府，死生同状。

——《天地》

夫相收之与相弃亦远矣，且君子之交淡若水，小人之交甘若醴。君子淡以亲，小人甘以绝。

——《山木》

凤兮凤兮，何德之衰也。来世不可待，往世不可追也。天下有道，圣人成焉；天下无道，圣人生焉。

——《人间世》

好面誉人者，亦好背而毁之。

——《盗跖》

哀莫大于心死，而人死亦次之。

——《田子方》

巧者劳而知者忧，无能者无所求。饱食而遨游，泛若不系之舟，虚而遨游者也。

——《列御寇》

故曰，夫恬惔寂漠，虚无无为，此天地之平而道德之质也。

——《刻意》

荃者所以在鱼，得鱼而忘荃；蹄者所以在兔，得兔而忘蹄；言者所以在意，得意而忘言。吾安得夫忘言之人而与之言哉！

——《外物》

形在江海之上，心存魏阙之下，故寂然凝虑，思接千载，悄然动容，视通万里。

——《让王》

井蛙不可以语于海，夏虫不可以语于冰。

——《秋水》

同类相从，同声相应，固天理也。

——《渔父》

真者，精诚之至也。不精不诚，不能动人。

——《渔夫》

鹏之徙于南冥也，水击三千里，抟扶摇而上者九万里，去以六月息者也。

——《逍遥游》

朝菌不知晦朔，蟪蛄不知春秋。

——《逍遥游》

且举世而誉之而不加劝，举世而非之而不加沮，定乎内外之分，辩乎荣辱之境，斯已矣。

——《逍遥游》

至人无己，神人无功，圣人无名。

——《逍遥游》

鹪鹩巢于深林，不过一枝；偃鼠饮河，不过满腹。

——《逍遥游》

庖人虽不治庖，尸祝不越樽俎而代之矣。

——《逍遥游》

瞽者无以与乎文章之观，聋者无以与乎钟鼓之声。岂唯形骸有聋盲哉？夫知亦有之。

——《逍遥游》

大知闲闲，小知间间；大言炎炎，小言詹詹。

——《齐物论》

夫大道不称，大辩不言，大仁不仁，大廉不谦，大勇不忮。道昭而不道，言辩而不及，仁常而不成，廉清而不信，勇忮而不成。

——《齐物论》

夫言非吹也。言者有言，其所言者特未定也。

——《齐物论》

道隐于小成，言隐于荣华。

——《齐物论》

方生方死，方死方生；方可方不可，方不可方可。

——《齐物论》

彼亦一是非，此亦一是非。

——《齐物论》

以指喻指之非指，不若以非指喻指之非指也；以马喻马之非马，不若以非马喻马之非马也。天地一指也，万物一马也。

——《齐物论》

曰："朝三而暮四。"众狙皆怒。曰："然则朝四而暮三。"众狙皆悦。

——《齐物论》

天下莫大于秋豪之末，而大山为小；莫寿乎殇子，而彭祖为夭。天地与我并生，而万物与我为一。

——《齐物论》

毛嫱丽姬，人之所美也；鱼见之深入，鸟见之高飞，麋鹿见之决骤，四者孰知天下之正色哉？

——《齐物论》

方其梦也，不知其梦也。梦之中又占其梦焉，觉而后知其梦也。

——《齐物论》

昔者庄周梦为胡蝶，栩栩然胡蝶也。自喻适志与，不知周也。俄然觉，则蘧蘧然周也。不知周之梦为胡蝶与？胡蝶之梦为周与？周与胡蝶则必有分矣。此之谓物化。

——《齐物论》

吾生也有涯，而知也无涯，以有涯随无涯，殆已！已而为知者，殆而已矣！

——《养生主》

彼节者有间而刀刃者无厚，以无厚入有间，恢恢乎其于游刃必有馀地矣。

——《养生主》

为善无近名，为恶无近刑，缘督以为经，可以保身，可以全生，可以养亲，可以尽年。

——《养生主》

安时而处顺，哀乐不能入也。

——《养生主》

汝不知夫螳螂乎？怒其臂以当车辙，不知其不胜任也，是其才之美者也。

——《人间世》

古之至人，先存诸己而后存诸人。所存于己者未定，何暇至于暴人之所行？

——《人间世》

无听之以耳，而听之以心；无听之以心，而听之以气。

——《人间世》

绝迹易，无行地难。为人使易以伪，为天使难以伪。

——《人间世》

朝受命而夕饮冰。

——《人间世》

其作始也简，其将毕也必巨。

——《人间世》

意有所至，而爱有所亡，可不慎邪？

——《人间世》

山木，自寇也；膏火，自煎也。桂可食，故伐之；漆可用，故割之。人皆知有用之用，而莫知无用之用也。

——《人间世》

自其异者视之，肝胆楚越也；自其同者视之，万物皆一也。

——《德充符》

人莫鉴于流水而鉴于止水。

——《德充符》

鉴明则尘垢不止，止则不明也。久与贤人处则无过。

——《德充符》

德有所长而形有所忘。人不忘其所忘，而忘其所不忘，此谓诚忘。

——《德充符》

其耆欲深者，其天机浅。

——《大宗师》

泉涸，鱼相与处于陆，相呴以湿，相濡以沫，不如相忘于江湖。

——《大宗师》

小惑易方，大惑易性。

——《骈拇》

小人则以身殉利，士则以身殉名，大夫则以身殉家，圣人则以身殉天下。故此数子者，事业不同，名声异号，其于伤性以身为殉，一也。

——《骈拇》

天下尽殉也。彼其所殉仁义也，则俗谓之君子；其所殉货财也，则俗谓之小人。其殉一也，则有君子焉，有小人焉；若其残生损性，则盗跖亦伯夷已，又恶取君子小人于其间哉！

——《骈拇》

故跖之徒问于跖曰："盗亦有道乎？"跖曰："何适而无有道邪？夫妄意室中之藏，圣也；入先，勇也；出后，义也；知可否，知也；分均，仁也。五者不备而能成大盗者，天下未之有也。

——《胠箧》

善人不得圣人之道不立，跖不得圣人之道不行。

——《胠箧》

唇竭则齿寒，鲁酒薄而邯郸围，圣人生而大盗起。

——《胠箧》

彼窃钩者诛，窃国者为诸侯。诸侯之门而仁义存焉。

——《胠箧》

故纯朴不残，孰为牺尊！白玉不毁，孰为珪璋！道德不废，安取仁义！性情不离，安用礼乐！五色不乱，孰为文采！五声不乱，孰应六律！

——《马蹄》

浮游不知所求，猖狂不知所往，游者鞅掌，以观无妄。

——《在宥》

出入六合，游乎九州，独往独来，是谓独有。独有之人，是谓至贵。

——《在宥》

视乎冥冥，听乎无声。冥冥之中，独见晓焉；无声之中，独闻和焉。故深之又深而能物焉，神之又神而能精焉。

——《天地》

知其愚者，非大愚也；知其惑者，非大惑也。大惑者，终身不解；大愚者，终身不灵。

——《天地》

至言不出，俗言胜也。

——《天地》

此龟者，宁其死为留骨而贵乎？宁其生而曳尾于途中乎？……吾将曳尾于涂中。

——《秋水》

庄子与惠子游于濠梁之上。庄子曰："鯈鱼出游从容，是鱼之乐也。"惠子曰："子非鱼，安知鱼之乐？"庄子曰："子非我，安知我不知鱼之乐？"

——《秋水》

今我睹子之难穷也，吾非至于子之门则殆矣，吾长见笑于大方之家。

——《秋水》

学者，学其所不能学也；行者，行其所不能行也；辩者，辩其所不能辩也。知止乎其所不能知，至矣。

——《庚桑楚》

狗不以善吠为良，人不以善言为贤。

——《徐无鬼》

去小知而大知明，去善而自善矣。

——《外物》

一尺之捶，日取其半，万世不竭。

——《天下》

天能覆之而不能载之，地能载之而不能覆之，大道能包之而不能辩之。知万物皆有所可，有所不可，故曰选则不遍，教则不至，道则无遗者矣。

——《天下》

第十五堂课 无为不争

提要

1. 无为意味着消极避世吗？
2. 老子的无为和庄子的无为有区别吗？
3. 在当今社会，无为不争是否意味着吃亏？

无为不是无所作为

与儒家思想强调的“入世有为”相比，道家强调的是“出世无为”。

老子说自己有“三宝”：“一曰慈，二曰俭，三曰不敢为天下先。”“不敢为天下先”，一方面体现了守柔不争，另一方面正体现了“无为”的思想。无为是道家最基本的精神之一，它与“道法自然”的价值取向是完全一致的，本质就是顺应自然的变化，使事物保持其天然的本性，不人为造作。

“为学日益，为道日损。损之又损，以至于无为。无为而无不为。”老子认为做学问要天天增加知识，而体道则要天天削减私欲，损之又损，就达到无为。无为便可以无不为，如果不妄为，而是依道而行，那就没有什么事情做不成。

“人法地，地法天，天法道，道法自然”，这是老子体悟的最主要的问题。天地万物是由道创生的，而道则要依法于最高的准则即“自然”，人要依法地、天、道，便必须依法自然。道常无为而无不为，这个“无为而无不为”，便是“自然”的体现。

“人道”的“无为”要求人应当因势利导，依据事物的本性和发展趋势给事物的发展创造良好的条件，不能妄为。正如牟钟鉴先生所说：“人道的无为实际上是一种合乎自然的有为。”老子说“是以圣人……以辅万物之自然，而不敢为”，其中“不敢为”的意思就是不敢违背自然的规律肆意妄为、逆“道”而行，否则必然导致恶果。庄子指出：“知道者必达于理，达于理者必明于权，明于权者不以物害己。”这正说明人必须自觉遵循客观法则，顺应万物而为，才能知道，才能实现“无为而无不为”的自由。《黄帝阴符经》谓“观天之道，执天之行，尽矣”。“天之道”“天之行”便是自然无为，只有这样才能“无不为”。

在个人修炼上老子也提倡自然“无为”。“是以圣人后其身而身先，外其身而身存。以其无私，故能成其私”，老子认为“无为”便是无私，不争先，置身度外，因为无私，才能达到自己理想的目的。“生而弗有，为而弗恃，功成而弗居。夫唯弗居，是以不去”，“无为”便是事成后不占有、不自恃、不居功，因为不居功，其功劳不会失去。“功遂身退，天之道也”，“无为”就要功成身退，这是天道。“天之道，不争而善胜”，“夫唯不争，故无尤”，无为就是不争，不争便能取胜而又没有祸害。“故知足不辱，知止不殆，可以长久”，“故知足之足，常足矣”，“无为”就是知足，知止，这样便可以长久。“圣人常无心，以百姓心为心”，“无为”就是没有自己的私心，以百姓心为心。

老子把道区分为“天之道”和“人之道”，其中含有自然法则和人类法则相比较的意味。老子说：“天之道，损有余而补不足；人之道则不然，损不足以奉有余。孰能有余以奉天下？唯有道者。”所以，老子主张“人之道”应当效法“天之道”，复归于“不争”“不言”“无私”“无为”的自然本性。

“无为”是否指消极、无所作为呢？如何由“无为”而做到“无不为”？深刻理解把握“无为”的本质，对于指导我们的生活实践和慰藉我们的心灵以及维护社会和谐有序有着重大意义。

无为的内涵

老子“无为”的人生哲学，其实可以剖析为以下几个主要方面：

顺应自然，因势利导

“道常无为而无不为。”几个字言简意赅地概括了老子对“道”的界定。道并非无所作为，而是有它自身的运行创造，所谓“道生一，一生二，二生三，三生万物”。但这种“生”并非刻意为之，而是“生而弗有，为而弗恃”故能“功成而弗居”，同时“夫唯弗居，是以不去”。因物而用，自然而为，无巧施伪作，功自彼成，但不居功自恃，所以能长久不去。这种无意识无目的地养育天地万物的方式即“常无为”，也就是千古流传的“道法自然”“莫之命而常自然”。唯有这种顺应自然的“不自生”“无私”“不仁”的方式才能实现“长生”“成其私”“虚而不屈，动而愈出”的天长地久的永恒状态，达到“无不为”。

天道的这一自然“无为”推广到人道，便是“人法地，地法天，天法道，道法自然”。人类以大地为家园，要想在大自然中繁衍生息，必然要遵从一定的客观法则，并在不断认识和实践中提高自觉性。人应效法地母安静之德，修心养性、心无妄念、身不妄动、意不妄思、事不妄为；遵循地道的法则，得地母真静的本体，修身而复命。

人于大地上的春生夏长、秋收冬藏必然效法于天道的斗转星移、日月相继。天道浩瀚无际，湛泊不动，施于天下而不求报，生长万物而不求取。天之德轻清，穹窿而高明，湛寂而虚妙，所以三光常耀，四时顺序。地法天德，玄黄相抱，阴阳交泰，所以能成就万物之形，实万物之质，都是地道顺乎天道的变化，成全天之生育而已，故曰“地法天”。“天法道”，道无形无名，无声无臭，至虚至妙。天地人万物，皆是大道所生，大道育成，所以大道是天地万物之母。天若不法道，阴阳便不能升降，变化也不能感应。所以大道流行于三才，变化于阖辟，立万物之性，复万物之命，终万物、始万物者，都是天法道的妙处。“道法自然”，道的力量，生生不息，源源不断，生天生地，鬼神帝圣，都是由道的自然功能所分化，没有任何人为的因素，原本未动，无元无终，无前无后，无生无灭；而在这个无生无灭中，本然创造了宇宙天地和万有生命。道之性本自然，大道运化天地万物，无不是遵行自然法则的规律，无不是得自然本源之功，又无不是返归于本根。故曰“道法自然”。

老子教人顺应自然，也预示着教人知足常乐，随遇而安。随遇而安就是要求人们能适应各种环境，不因环境的恶劣而怨天尤人，也不因环境的优越而沾沾自喜，应该在任何环境的面前安然自得，不会因为个人际遇的沉浮和外界环境的变化而扰乱内心的平静。这样的思想在当时纷乱的社会环境下是十分难能可贵的，体现了老子人生观的独特之处，可以说，老子人生哲学的精华就在这里。正如牟钟鉴先生所说：“道家的生活态度使人的生命富有伸缩性，帮助人去承受各种打击而不丧失生活的乐趣。”遇到困境、彷徨失意的时候，人若要保持平衡的心理状态，就必须做到淡泊名利，随遇而安。

“反者，道之动”“为道日损”

“是以圣人处无为之事，行不言之教；万物作而弗始，生而弗有，为而弗恃，功成而弗居。夫唯弗居，是以不去。”老子认为喜怒同根，是非同门，善恶同源，故皆陈自然，不可偏举，“无为”即可。“祸兮，福之所倚；福兮，祸之所伏”，事物的对立面可以相互转化，故不要刻意为之，否则功不可久。

而对这一辩证法概括最为精炼到位的当属“反者，道之动”一语。《老子》第 40 章说：“反者，道之动；弱者，道之用。天下万物生于‘有’，‘有’生于‘无’。”老子在这里采取了一种“正言若反”的认识路径，通过否定性的“无”来阐发肯定性的“有”，通过否定性的“无为”而阐发更高层次的“有为”，无疑是一种很深刻的认识。

这种认识是基于对语言概念的局限性与世界的无限性的矛盾的考虑，当人们企图界定一个事物，具体概念内涵与外延的难以平衡使得老子自觉反思：具有规定性的东西必然只能是相对有限的存在者，那么永恒存在、始终如一的本体之道，如果以“是什么”的判断表达，必将等同于个体事物，丧失其万物存在的普遍依据的崇高地位。

与“有生于无”的本体论相对应，老子“无为”的提出，正是因为他看到了“有为”的局限性、片面性、过分性、弊端性。基于此他提出了要时时观照、反省自身，“吾以观复”，认为不能通过知识的积累或其他任意妄为的方式实现目的，而只有通过“观”的理性自觉，以“减法”的方式时时反观自身，才不至脱离原初本性。《老子》第 48 章说：“为学日益，为道日损。损之又损，以至于无为。无为而无不为。取天下常以无事，及其有事，不足以取天下。”老子提倡“绝圣弃智”“绝巧弃利”并不是不让学习，而是不要盲目学习、妄作妄为，要弄清楚自己此为的目的何在，意义何在。如果只顾徒劳伤神或纵欲无度，长此以往就会元气大伤、精疲力竭，于己于人都无好处。所以老子讲“为道”要“日损”，要不断减少违反元气的浑浊东西，刨除杂念，修道修性，逐渐找回元气，复归本性自然，只有这样才能“无为而无不为”。就人身体而言，可以丹田气足，向四肢五脏六腑运转流行，浊气下沉，清气上升，达到延年益寿的目的；而就人的本性而言，可以“复归于婴儿”，无私无欲、豁达开朗。“反者，道之动”的“无为”作用便是要人将分散疏离之气聚合起来，最终聚合为太极之“一”或“无”。而“万物得一以生”，只有这样时刻反观内省，才能生生不息。

老子言：“夫物芸芸，各归其根。归根曰‘静’，静曰‘复命’。复命曰‘常’，知常曰‘明’。不知‘常’，妄作凶。”这正是教人要不断返本归元、归根复命，得性命之常，也就是“无为”的精神内核；相应地，“归根曰静”则是说明“无为”的方式。

守柔处下，为而不争

老子一反常人“刚强制胜”的说法，认为“柔弱胜刚强”“圣人之道，为而不争”。在他看来，柔弱不争是古往今来与天最为相配的法则。因为“弱者道之用”“绵绵若存，用之不勤”“天之道，不争而善胜”。道的创生作用虽然是柔弱的，却是绵延不绝、作用无穷的，它不与物争却能胜于物。道在创生过程中所表现的柔弱、不争，正是“道常无为”的一种写照。老子认为人道应该像天道一样，守柔处下，为而不争。

为什么老子与普遍观念相反，认为“柔弱”优于“刚强”呢？这是他从经验世界的现象中获得的领悟，认为：“人之生也柔弱，其死也坚强；草木之生也柔脆，其死也枯槁。故坚强者死之徒，柔弱者生之徒。是以兵强则灭，木强则折。”老子用这两个例子说明柔弱代表灵活性和生命力，刚强则代表僵硬和死亡。在老子看来，柔弱不仅富有生机，而且还是非常强大的，柔弱能够战胜一切。“天下莫柔弱于水，而攻坚强者莫之能胜，以其无以易之。”“上善若水。水善利万物而不争，处众人之所恶，故几于道。”就像水一样，水是天下最柔软的东西，遇圆则圆、遇方则方，但水却能无孔不入、无坚不摧，没有一件刚强的东西能与之相比。水善于滋润万物而不与万物相争，停留在众人都厌恶的地方，所以最接近道。

由此可见，老子崇尚的贵柔守弱、不争并不是懦弱、消极无为，柔弱本身就是一种力量，一种比刚强更强大的力量。老子希望人们保持柔弱不争的姿态，采用柔弱的方式，不要去刻意追求所谓的刚强，这样反而能达到“无不为”的效果。

柔弱不争作为人的处事原则有两个特点，一是灵活性，二是温和性。对于个人来说，人生活在尘世中，在与人相处的时候，如果能采用温和的方式，待人接物懂得灵活变通，“动善时”，不刚愎自用、固执己见，具有耐心和韧性，合乎时宜，恰如其分，就能减少生活道路上的阻力与障碍，有助于达到个人的愿望。对于国家和社会而言，贵柔守弱，不与人争，“功成而弗居”，可以减少人与人之间的摩擦和冲突，维持和谐的人际关系。如果人人都好勇斗狠，社会必然纷争四起，不利于社会的安定，对人对己都没有好处。所以，老子的不争从表面看来好像是软弱的，但实际上是聪明而有力的，体现了老子极高的人生智慧。

那么，柔弱如何才能战胜刚强呢？如何做到“夫唯不争，故天下莫能与之争”呢？在老子哲学中，“顺势而为”是实现柔弱胜刚强原则的一条非常主要的途径。顺势而为就是要求人们在“为”之前要辨清方向，要善于等待，要有耐心，反对不合时宜的盲动，等到真正趋势形成、最佳行动时机出现的时候，才去“为”。老子说：“将欲歙之，必固张之；将欲弱之，必固强之；将欲废之，必固举之；将欲取之，必固与之。是谓‘微明’。柔弱胜刚强。鱼不可脱于渊，国之利器不可以示人。”在他看来，事物的发展都是有个过程的，在真正的趋势还没有明朗化之前，人们应该有一定的预见性，不要被它的表面现象所迷惑。这个时候不适合行动，要有充分的耐心等待局势明朗化，然后顺势而为，这样才能以柔克刚、以弱胜强，不争而自胜。

“为之于未有”，蓄势待发

《老子》说：“合抱之木，生于毫末；九层之台，起于累土；千里之行，始于足下。”由此可见，老子通过对现实世界的观察，已经发现了事物向对立面转化往往要经历一个由小到大、由易到难、由弱到强的质量互变的过程。老子同时将这种思想发展到他的人道观中，他说：“图难于其易，为大于其细。天下难事，必作于易；天下大事，必作于细。”意思就是做事要着眼于量变之初，趁事物还简单、细微的时候开始入手，这样才能免于危难，成就大业。

因此，老子崇尚的是“为之于未有”的“为”，是在事物尚未发生时的作为。老子的“为之于未有”的思想告诫我们凡事要事先规划，考虑在前，事先就对事物的性质及其发展变化趋势有充分的认识，提前做好准备，才能防患于未然。对于自身的教育和修养来说，就是平时要防微杜渐、严以律己，不可因善小而不为，不可因恶小而为之。能够这样做的人，就是一个能于无形中化解自我困境的人、一个大有作为的人。

老子的“为之于未有”的“为”于那些整日奔波于琐碎事物之中的人来说，好像是无所事事或者有很少的事情做，然而这种“无为”似的“为”所得到的效果要比那些“有为”者好很多，因为他早已化有事于无事之时、消有形于无形之中，使人们在不知不觉之中渡过了一切难关。这种“无为”要比那种看似忙碌的“有为”高明许多，它是在对事物的本性和变化充分了解的基础上，对事物未来趋势的一种先见和预测，能这样做的人，才是真正“上德”之人。

庄子的无为

我们在本书“第十二堂课”谈到了“无私寡欲”的主题，如果说无私和寡欲都是通过一个人的内在修行来引导，那么“无为不争”就是道家主导思想一种外在的表现和表达。那么，庄子的无为与老子的无为有什么不同吗？

老子始终清醒地和俗世保持距离，乃至于最后消失在人们的视野中。若想让自己保持平安，就要和世界保持距离，用虚静来面对它。到庄子所在的战国中期，天下大乱、七雄争霸。庄子不可躲了，就用了另外一个字：“化。”既然无法再保持距离，人就需要跟它一起变化。

在庄子的哲学中，“天”是与“人”相对立的两个概念，“天”代表着自然，而“人”指的就是“人为”的一切，与自然相背离的一切。“人为”两字合起来，就是一个“伪”字。在庄子看来，真正的生活是自然而然的，不需要去教导什么、规定什么，而是要去忘掉成心、机心、分别心。宣传、教化、劝导的方式，都是人性中的“伪”，需要摒弃。庄子主张顺从天道，而摒弃“人为”的那些“伪”的杂质。顺从“天道”，从而与天地相通，就能获得庄子所提倡的“德”。

庄子对于老子的避难哲学运用得非常纯熟，进而更具有启明的智慧。庄子的思想和表达，与老子沉稳厚重的风格不太一样，充满了一种活泼的力量。

庄子因崇尚自由而不应楚威王之聘，生平只做过宋国地方的漆园吏。当时诸侯混战，争霸天下，庄子不愿与统治者同流合污，便辞官隐居，潜心研究道学。庄子的学问渊博，游历过很多国家，对当时的各学派都有研究、都进行过分析批判。楚威王听说他的才学很高，便派使者带着厚礼请他去做相国。庄子笑着对楚国的使者表达了这样一番意思：“千金，重利；卿相，尊位也。可你就没有看见祭祀用的牛吗？喂养它好几年，然后给它披上有花纹的锦绣，牵到祭祀祖先的太庙去充当祭品。到了这个时候，它就想当个小猪，免受宰割，但却办不到了。你赶快给我走开，不要侮辱我。我宁愿像乌龟一样在泥塘自寻快乐，也不受金钱和身份的约束，我一辈子不做官，让我永远自由快乐。”

庄子继承了老子的思想，同样认为道有“天道”与“人道”之别，他明确地指出：“无为而尊者，天道也；有为而累者，人道也。”这里，“无为”是指天然的意思，而“有为”则是指人为的意思。庄子经常用寓言和比喻来说明天然和人为。在他看来，牛马生就了四只脚，这就叫作天然；而用绳索套住马头，拴住牛鼻子，这就叫作人为。所以他说：“无以人灭天，无以故灭命，无以得殉名。谨守而勿失，是谓反其真。”就是说，不要以人为去毁天然，不要以造作去灭性命，不要以有限之得去殉无穷之名。谨慎地持守下去而不要有所闪失，就叫作回归本真。正如庄子所言：“知其不可奈何而安之若命，唯有德者能之。”他认为人应当努力化解生活的无奈，当作可以接受的事实，在自己有限的人生中不失生命的乐趣。

老子考察了人生沉沦的各种表现，认为“致虚极”的对世界和人生究竟底蕴的观照，需要通过“守静笃”的心灵净化完成。这就需要抑制情感欲望的泛滥引发的生命能量的流逝，“见素抱朴，少私寡欲”，进而达到“涤除玄鉴，能无疵乎”的纯洁完整的心灵境界。当消除了对外在价值规范的依附与个体情感欲望的困扰，就能达到“虚室生白，吉祥止止”的全新生命的塑造。庄子发挥其为“堕肢体、黜聪明，离形去知，同于大通”的“坐忘”和“虚而待物”的“心斋”。唯有这样的“无为”才能以无限开放的心灵积极投身社会生活实践，做到“无不为”。

《庄子·应帝王》中有一则寓言：相传南海的大帝叫儵，北海的大帝叫忽，中央的大帝叫浑沌。儵和忽常常在浑沌之地相聚，浑沌非常友善地接待他们，儵与忽为了报答浑沌的恩德，见它没有七窍，便为他凿七窍。于是，他们每天凿出一窍，过了七天，七窍凿成了，而浑沌也死去了。寓言通过儵和忽出自好心而做了坏事，来强调“天道”自然无为，反对把人的意志强加给天地万物。

在庄子看来，人与天地万物都有其自然的本性，然而世人往往违背其本性，偏要人为造作，卖弄机巧聪明，迷恋繁文缛节，追求浮躁虚华，不仅使物的真性丧失了，而且也使人自身所固有的自然本性丧失殆尽。在此方面，《庄子·马蹄》一文阐述得最为详明：文章开门见山，从马的自然本性说起。马蹄可以踏霜雪，毛可以御风寒，马吃草饮水，跷足而跃，这就是马的真性。等到后来出了个伯乐，他扬言："我善于治理马。"于是给马烧烙印记，梳剪鬃毛，修刻蹄子，络套马头，然后用绳索把它们拴在一起，用栅栏把它们围在一起，这样一来，马就死了十之二三。再加上饿它、渴它，急速地驱使它，没完没了地调治它，前面有轭头、嚼子和缰绳的牵制，后面有皮鞭的威逼，这样整治下来，马就死了超过半数。伯乐治马，陶匠治土，木匠治木，他们所治之物不同，但他们利用智慧技艺进行人为造作的结果却相同，使得所治之物都丧失了自身的自然本性。在庄子看来，圣人、伯乐及工匠们都有各自不同的智慧和才能，而恰恰是这些智慧和才能造成了人和物自然本性的丧失。所以，庄子认为，工匠们的罪过就在于他们用机巧的手艺破坏了物的纯朴本性，把物变成了器皿；伯乐的罪过就在于他用纯熟的治马术泯灭了马的真性。而圣人的罪过就在于他毁弃了人的自然本性。道家一贯主张"绝圣弃智"的根源正在于此。

《庄子·养生主》中的寓言"庖丁解牛"，讲了为梁惠王宰牛的厨师的故事，他手起刀落，一招一式就像和着音乐节拍跳舞一样，而且游刃有余、干净利索。梁惠王连连称赞，不解其技艺为何如此高超。厨师讲了一大通道理，其实，究其解牛秘诀只有八个字："依乎天理""因其固然"，也就是遵循事物内在的规律性。可见，道家"无为"思想的实质在于：反对违背人的本性和违背自然法则的肆意妄为。其宗旨在于，消解人与自然的对立，达到人与自然的和谐统一。

无为不争在今天还适用吗

通过《老子》中的表述，我们会发现老子的无为在某种意义上更多是说给统治阶级听的，换言之，是一种治国理念。他希望掌权者收敛自己的扩张欲望，不折腾百姓，不与民争利。庄子的无为则更多着眼于个体生命的逍遥和飞扬、精神境界的纯净。

一个人活得不快乐，大部分都是有心而为，过于急功近利。比如孔子说"学而时习之，不亦说乎"，学习和自我完善本来是很快乐的事，但是今天的学生普遍感到学习是痛苦的，这种痛苦很多时候来自比较、来自有心，目的性太强。

老子的格局非常之大，他思考的是如何让人类世界跟宇宙万物恢复和谐。他发现整个宇宙万物包括人类社会在内，不和谐的根源恰恰在于人类自己。人的认知能力首先表现为区分：人活在世界上，第一步就是用理智区分。什么是有利，什么是有害；什么可吃，什么不可吃；什么是好人，什么是坏人。区分之后才能活下去。但是，区分之后难免就产生比较之心，产生争夺的愿望。一区分黄金与石头的价值，当然要去追求黄金；当有人说钻石比黄金好，又要占有钻石。到最后物以稀为贵，社会就充斥着你争我夺，不得安宁了。

道是整体，假设你把生命当成一个整体来看，就会发现有些人少年得志，有些人大器晚成。所以一个人看到别人得意的时候不要盲目羡慕，凡事都是有次序有规律，妄动和妄为都是徒劳甚至会起反作用的。

老子所言之道，即因循自然之规律达致“无为而无不为”之境。当然，法道也有超越世俗法律之上的自然法则之意，即遵循社会常理、常识、常情，而这些既是道的引申义，从而也可作为世俗法律之根基与合理性之评判。

老子认为，“国中有四大”即“道大，天大，地大，人亦大”。天、地、王三者都要依循道来成就，它们之间的关系就在于道是根基、母体之所在。而王作为国家的统治者要治理国家，也应遵循老子所言之道，将此道运用到政治治理之中，即法律、伦理、政策、规则等都应顺应道的发展规律。

对道的遵循可以使得天、地、人三界秩序井然、得以理治。这反映了古人的系统论的观点，宇宙万物是一个整体，人、天、地、自然等构成了一个有层次、有结构、整体的系统，它们相互联系，相互制约。

“道法自然”思想在本质上异于西方自然法思想，西方自然法思想发源于古希腊古罗马的自由主义和理性主义传统，正义、善、民主等理念是其基础。而老子的“道法自然”思想立足于万物的本原——道，试图通过认知道来达到对自然世界和人类社会的终极把握，从而依道而生。这种道不是自由、理性、民主或正义等理念和评价标准，而是一种“不可名”之特殊物、一种“天长地久”的规律，兼具物质和精神层面，存于天地之间，自我循环。

老子认为，统治者治理国家贵在“无为”“无事”之治，而圣人之治的手段并不是通过制定刑法等国家制度来对老百姓加以规制，而是以合乎自然、不行强制来推行其统治。法律制度是治国者统治人民的工具，是统治者为了保障自身的利益与维持社会秩序建构的国家机器，老子认为这些法律制度以及国家机器的存在都是统治者的有为措施，体现了统治者的雄心、私欲，是产生争战、贫富、盗贼等祸害的缘由，往往滋扰人民按自然之道来生活，所以老子极力反对这些措施与法令制度。从老子“道法自然”思想中可以得出，法需要顺应道与德的运动，效法自然之律，在辩证的反向转化之中发挥其治理作用。

道家思想中蕴含了我们看待世界的基本认识论和方法论。每一件事物都有着它本身的天性和本质，每个人都有自己独特的思维方式和个性特征，也有着一定的缺失。我们需要做的不是试图消除这些缺失，而是把他们的优点合理地加以利用，尽量避免他们的缺失，并力图帮助每个人在其独特的天性基础上持续进步，放大其中有益的部分。

道家主张无为，始终是在努力消除现实生活中的两种对立：一是现实社会中违背人性的纲常法度与人的自然本性的对立，二是凭借有限知识的妄自尊大的人与自在无为的大自然的对立。庄子主张“不以心捐道，不以人助天”（《庄子·大宗师》），是说不要以心智去违背自然之道，不要以人为的造作去帮助自然，乃至毁灭自然。但在现实社会中，人们往往凭借那么一点点非常有限的片面的知识，仰仗着自己几乎无法控制的现代科学技术，便自以为是世界的主宰。为了追求自身的发展，满足日益膨胀的功名利禄的需要，人类肆无忌惮地掠夺自然，狂妄自大地要征服自然，于是破坏了自然的生态平衡，造成了环境的严重污染，甚至直接威胁了人类自身的生存。这都是违背自然之道、不按自然规律办事的必然结果，它与道家的“自然无为”的思想十分相悖。

综上可见，老子“无为”的人道观是与其天道观相符的，主张“无为而无不为”。他不是教导人要消极无为、避世隐居、逃避一切、庸庸碌碌，而恰恰是一种独特而高深的进取观。他的“无为”是顺应自然、因势利导之“为”；是“反者，道之动”，是守柔不争、灵活温和、蓄势待发、急流勇退之“为”；是未雨绸缪、积小成大、严于律己之“为”。“谦下不争”是为了“天下莫能与之争”，“柔弱”是为了“胜刚强”，“后其身”是为了“身先”，“外其身”是为了“身存”，“无私”是为了“成其私”，“不敢为天下先”是为了“成器长”。可见，老子的“无为”是为了更好地“为”，从而达到“无不为”的结果，实现自己的目的与理想。这种“无为”与怯懦格格不入，“知道者”绝不是达观的废物，而是高超的智者。这种特殊的“无为”之“为”的人生哲学对于我们调节内心、沉静心灵、复归本原以及维护社会和谐都有着重要作用，很值得我们学习体悟。

第十六堂课 道家思想的生活实践

道家哲学仿佛距离生活很远，其实不然。中医、中国绘画（艺术）、中华传统武术、社会管理、茶道、花道等方方面面，都可以体现道家哲学和思想的智慧。

如果简单做个结论，道家的思想不同于儒家的人际关系和善恶判断，善恶，它讲的是从真实到美感。如果万物都来自道，亦即万物都在某种意义上代表道，就可以让我们欣赏以及应用，以下我们就以生活中的事物为例，体会“道”、发现“道”。

道与中医

梁漱溟曾说：“我思想中的根本观念是‘生命’‘自然’，看宇宙是活的，一切以自然为宗。”这个“根本观念”的不同正是中西医学的区别所在。虽然中西医都是治病，其对象都是一个，但两者是有区别的，原因就在于两者看待人体生命的“根本观念”不同。中医诊疗的方方面面都体现道家思想和观念。

西医是身体观，中医是生命观。所谓“身体观”就是把人体看成是一个静态的、可分的物质实体，所谓“生命观”就是把人体看成一个动态的、不可分的“整个一体”。由此导致了两者根本方法的不同，西医是静的、科学的、数学化的、可分的；中医是动的、玄学的、正在运行中的、不可分的。中西医的“根本观念”来源于中西方不同的哲学本体论。西方唯物论、唯心论两大阵营是对立的，中国则是统一的，可称为“唯生论”。生命本来就是一个统一的整体，不仅物心统一、身心统一，而且天人统一、物人统一。统一生命的本体就是“气”，中医的“气本论”最接近宇宙的本质本体。

“夫四时阴阳者，万物之根本也。”《黄帝内经》的这一至理名言阐述了中国古代将自然界四时阴阳变化之道与养生之道有机结合起来的理念。两者的有机结合，产生出中华养生文化的独特内容——四时养生法。

四时养生法，是指将多种养生方法同自然界四时节令规律变化及人体阴阳变化结合起来，并设计、选择不同的养生方法，制定不同的养生原则。

古人认为：春属东方，五行归木，于脏为肝，重在养肝；夏属南方，五行归火，在人主心，火主炎上，所以夏日宜养心气为主；秋属西方，五行归金，金主肃杀，在人主肺，因此养生应以安魂平肺为主；冬属北方，五行归水，水主闭藏，在人主肾，因而冬季养生以固精养肾为主。按春夏秋冬四季天地自然气候来设计、选择和实践养生，本身就是“人法地，地法天，天法道，道法自然”的体现，道家思想的内核构成了中医养生文化的一个显著的特征和独特的模式。

道与书画

美学家宗白华说：“中国画所表现的境界特征，可以说是根基于中华民族的基本哲学，生生不息的阴阳二气织成一种有节奏的生命。中国画的主题‘气韵生动’，就是‘生命的节奏’或‘有节奏的生命’。”“中国人感到宇宙全体是大生命的流行，其本身就是节奏与和谐……一切艺术境界都根基于此。”

确然，中国古代哲学是一种生命哲学，远古先民们从春秋迭代、草木荣枯等自然现象的变化中，悟出了整个宇宙就是一个生命流动的世界，悟出了人与自然宇宙之间的那种“目既往还，心亦吐纳。情往似赠，兴来如答”的和谐与同一。在《易经》“一阴一阳之谓道”“生生之谓易”观念的影响下，中国人眼中的宇宙是一个阴阳交合的生机世界，气化氤氲，流衍不绝。它有“生生而具条理”的秩序，有“阴阳开合、高下起伏”的节奏，人的生命和宇宙有机地融合在一起。

中国画与道家思想的关联主要体现在以下几个方面：

求素朴，表现方式以水墨为主

“五色令人目盲，五音令人耳聋，五味令人口爽，驰骋畋猎令人心发狂，难得之货令人行妨。”老子认为社会虚华的事物都违背道、违背“大朴”、违背“自然”，他提倡“复归于婴”“复归于无极”“复归于朴”，“人法地，地法天，天法道，道法自然”，“见素抱朴，少私寡欲”，“素”是“绚”的反面，是洗净铅华、不施彩饰；“朴”是但求浑沌，而不事雕琢。老子说：“大成若缺，其用不弊。大盈若冲，其用不穷。大直若屈，大巧若拙，大辩若讷，大赢若绌。”他视“拙”“朴”为大巧，见素抱朴、复归自然的“拙朴”，被国画家视为用笔、用墨的典范，而古往今来凡以用笔流畅、圆滑为追求的画皆在“俗品”之列。道家的“见素抱朴”、淡泊质朴为尚的人生哲学，融进中国画里，形成以水墨为主、色彩为辅的独特的绘画风格。中国画是抒情的、写意的，直显心性，拙于一枝一叶规矩的如实描摹。由于“素”“朴”的需要，对精研工巧的彩绘有所鄙弃。这也是水墨画成为我国主流画种的原因之一。

求虚静，追求空灵之境

“惚兮恍兮，其中有象；恍兮惚兮，其中有物。”老子从“惟恍惟惚”出发，论说了时间和空间艺术，“大音希声，大象无形”，希声是静，无形是虚，通过静、虚却可以观照或反映道，体现道的全美境界，以取得艺术的最高造诣。老子说：“致虚极，守静笃。万物并作，吾以观复。夫物芸芸，各归其根。归根曰‘静’，静曰‘复命’。复命曰‘常’，知常曰‘明’。”老子以博大的胸怀、宁静致远的思索，去体悟宇宙万物的运作，从扑朔迷离、纷纷扰扰的物质世界中去追本溯源、回归宇宙的本体。在中国，是老子首先提出了虚、静的审美观。庄子也从虚、静来谈道：“虚者，心斋也。”心斋即心境或精神境界的空灵。他又说：“正则静，静则明，明则虚，虚则无为而无不为。”以虚静合一获取人生的自由或逍遥，这样的人生态度叫“循道以趋”。道家的这种哲学思想，对中国山水画影响是内在而深刻的，道家希望世人的心灵得到净化，以空灵的心怀去静摄宇宙的变幻，以岑寂而宁静（虚静）的心胸去体物感物，以澄怀而观道。因此中国绘画着重空灵与淡泊。

老子讲：“为学日益，为道日损。损之又损，以至于无为。无为而无不为。”意思是求知识用加法，求道则用减法，损之又损，而达到“无为”之状态。中国画讲究空灵，画面讲究留白，讲究“象外之趣”。这些道理其实都是用老子的减法而独得此“象外之趣”。“天下莫柔弱于水，而攻坚强者莫之能胜，以其无以易之。弱之胜强，柔之胜刚，无下莫不知，莫能行。”“天下之至柔，驰骋天下之至坚。”李可染曾说，至高的艺术技巧都是百炼钢变成绕指柔。中国画的用笔崇尚“一波三折”“行云流水”“绵里藏针”，僵硬的、色厉内荏的用笔在国画中被视为用笔之大忌。老子说：“坚强者死之徒，柔弱者生之徒。”可见绘画之道与老子之道是相通的。

老子说“知其白，守其黑，为天下式”，中国画讲究“计白当黑”，画面的白与黑，二者是对立统一的，黑是有墨处，就是画面中可以直观发觉的景物；白是无墨处，但不是没有东西，而是可以联想到很多东西可以是水、可以是云、可以是天空等。中国画落款部分一大片都是空白的，观者马上可以联想到天空与大地的广阔无垠。中国画讲究笔墨的浓淡变化，虚实的处理及有画处和无画处的辩证关系。“天下万物生于‘有’，‘有’生于‘无’。”可以看出有与无、虚与实的辩证关系。虚无蕴含着无限的实用。中国画强调补白，因为无画之处是灵气往来、生命流动的地方，补白的位置处理得好可以扩展画面空间的表现效果，也可以增加画面层次。一张画之中虚实、黑白并存，相互对立而又相互融合，使整张画在对立统一的矛盾体中给人以无限遐想。因此，中国画的留白之美是黑与白、阴与阳、虚与实的互补关系中显现的一种对立统一的和谐美。这种留白是画中形象含蓄的延续，它不着一墨却趣韵自生。它以空幻朦胧的形象体现一种天趣妙境，此为空灵之妙、神韵之妙、含蓄之妙。其中境界，启人想象、令人咀嚼，起到“犹抱琵琶半遮面”的效果。中国画的这些艺术特点正是在传统的道家哲学影响下自觉形成的。

求主客观统一，讲究体道合一之境

中国画讲“观于象外，得之环中”“外师造化，中得心源”，这“环中”“心源”和老子追求的宇宙本体“一”是相同的。老子说，“昔之得一者——天得一以清，地得一以宁，神得一以灵，谷得一以盈，万物得一以生”。当达到体道合一的境界时，画家才能“以自然之眼观物，以自然之舌言情”，才能做到眼不见绢素，手不知笔墨，落笔无非天然生机。

国画的最高境界必然是超然物外的，不役于物象而重心智所悟，遗形而求神。庄子在《达生》中讲梓庆做镰的故事，梓庆削术为镰，观者以为鬼斧神工。鲁侯讶之，问其技巧。梓庆说："臣，工人，何术之有！虽然，有一焉。臣将为镰，未尝敢以耗气也。必齐以静心。齐三日，而不敢怀庆赏爵禄；齐五日，不敢怀非誉巧拙；齐七日，辄然忘吾有四枝形体也。当是时也，无公朝。其巧专而外骨消；然后入山林，观天性，形躯至矣，然后成见镰，然后加手焉；不然则已。则以天合天，器之所以疑神者，其是与！"当画家涤清胸中渣滓、名利，忘怀得失，宠辱不惊，不仅将技巧之巧拙忘于脑后，甚至忘却四肢形骸。以天合天，才能真正做到眼不见绢素，手不知笔墨，下笔无非天然之生机，真画即能显现。

中国画作画不为物役，便能体道合一。讲究以天合天，放弃技巧，回归到自然虚静之境，精神与天地相往还，而达到艺术至高境界。在清代的石涛看来，画并不是劳心苦志的产物。他所说的"物随物蔽，尘随尘交"是一种无求无待的状态。刘勰说："思理为妙，神与物游。"又说："物色之动，心亦摇焉。"石涛说："山川脱胎于予也，予脱胎于山川也。"这也体现了画家的主观精神和客观万物相交融，渗透到世间万物最后合二为一的全部运动过程，石涛说："至人无法，非无法也，无法而法，乃为至法。"一个艺术家若被各种条条框框所限制，心灵就被刑戮着，便不能创造出"天籁""自然"之作品。一个画家若能透彻了解"无法而法"，便能达到"信手一挥，山川人物、鸟兽草木、池榭楼台，取形用势，写生揣摩，运情摹景，显露隐含，人不见其画之成，画不违其心之用"的化境。这是"以天合天"的体道合一的宇宙观在绘画理论上的妙说。

求似与不似，讲究意象

中国画家不仅使用墨色和简练抽象的线条结构来表现天地万物的变化，追求主客观统一，而且画家在描写物象形态时，不是对客观外在物象的直接描摹，而是寻求传统人文哲学与外部世界的统一，力求于静观寂照中用简单的书写性、抽象性、概括性极强的线条去表达世界万物的形态，以笔墨技巧去表现错综复杂的世界万物。老子说："道生一，一生二，二生三，三生万物。"越是复杂的事物，越是从简单中孕育生成的。写意性简练的表现力看似简单，寥寥几笔，却能表现复杂的世界，写意性不是简单描绘物体图像，它建立在画家对自然物象的理解上，是结合自己的技巧经验和人文修养形成的。"似与不似之间"，是含有"有意""无意"在内的，并不是单纯的外表物象。画家所要表现的对象，已远远超出了对象本身的范畴，上升到了一个哲学的高度，通过几根简练的线条，塑造了高度概括性的形象，以探求这个事物形象外在的精神实质。中国画重意似而非绝似，忌描摹刻画。唐代张彦远言："夫用界笔直尺，是死画也，守其神，专其一，是真画也。"中国画重写意，以书入画，忌刻画入微，谨毛失貌，而失神采。

中国画写意性的意象思维不是特别看重自然形象的真实性，只是把事物作为寄情对象，以表达作者的意念，从而摆脱时空观念和自然属性的约束，去追求艺术表达的自由，从宏观上把握物象。在"天地与我并生，万物与我为一"这种写意观念的指导下，天地造物随其剪裁，春夏秋冬可绘一卷，南北景物自由组合，四季花卉可成一图。中国画的散点透视法也可以把不同山水景点有所取舍地同绘在一幅图中。国画强调将高超的笔墨技巧和画家对自然的感悟和自身品德修养合而为一，不仅使作品超越时空限制，而且借助物象充分表现画家的内心世界，即相对真实地反映客观世界。

道家崇尚朴素、追求自然的思想，对中国画起到了积极的理论指导作用，决定了中国画的审美意识和审美取向，并形成了中国画独特的艺术面貌。诚如宗白华所说：以宇宙人生的具体为对象，赏玩它的色相、秩序、节奏、和谐，借以窥见自我的最深心灵的反映；化实景而为虚境，创形象以为象征，使人类最高的心灵具体化、肉身化，这就是“艺术境界”。

道与茶文化

中国历代茶人名家都强调人与自然的统一，传统的茶文化正是自然主义与人文主义精神高度结合的文化形态。吸取了天地精气的自然之物——茶，与天地宇宙之精灵——人，有着“性之所近”的可沟通的一面，即茶的清和淡雅之性接近于人性中的静、清、虚、淡的品性，也正是基于这一点，茶的自然本性与人生精神在茶文化中能够得到高度的统一。

道家“天人合一”的思想使茶人感悟到：人必须顺应自然、符合大道，不能把自然物质与精神分离，因此，强调物我情景的合一。“天人合一”在茶道中表现为人对自然的回归渴望，以及人对“道”的体认。具体地说，“天人合一”的思想表现为在品茶时要乐于和自然亲近，在思想情感上能与自然交流，在人格上能与自然相比拟并通过茶事实践去体悟自然的规律。这种想法也是道家“天地与我并生，而万物与我为一”思想的典型表现。历史上的著名茶人都有一套精湛的烹茶技艺，烹茶的过程就是将自己的身心和茶的精神相互沟通的过程。唐代陆羽在《茶经》中也把茶事提炼为一种艺术，从而把人和自然统一起来。为了更好地达到“天人合一”的境界，茶人们在品茶时追求寄情于山水，忘情于山水，心融于山水的境界。

人在优雅环境中品饮的过程就是与大自然交流的过程，从中获得一种超越的舒畅和心灵的慰藉。茶人也只有达到“天人合一”的境界，才能化自然的品格为自己的品格，才能以自己的“天性自然”去感受真正的自然大道，才能彻悟茶道、天道、人道。道家“天人合一”的思想还在茶具的设计上有所体现，人们常用来饮茶的盖碗（又称“三才杯”）就是取“天人合一”之意来设计的。杯托为“地”，杯盖为“天”，杯身为“人”，所以道士一般都喜欢用盖碗泡茶，暗含了“天地人和”之意。

老子和庄子告诉了世人明心见性、洞察自然、反观自我、体悟道德的无上妙法。要求世人薄名利、洗宠辱、清心寡欲、与世无争，以达到清静之境。茶清静淡泊、朴素天然，耐阴湿，自守无欲，与清静相依。只有在宁静的意境下才能品出茶的真味，才能感悟出品茶的要义，才能获得品饮的愉悦；静品才能使人安详平和，才能实现人与自然的完美结合。

道家的这种思想观念在中国的茶文化中演化为“茶需静品”的理论实践，“静”是中国茶道修习的方法。茶之所以历来为文人雅士所喜爱，是因为茶淡泊、清纯、自然、朴实的品格与他们所追求的淡泊、宁静、节俭、谦和的道德观念一致。从历代茶人煎茶、咏茶的高雅意境中我们不难悟出他们清静无为的追求品饮中所蕴含的“超凡脱俗”的神韵，正是受道家文化的影响和潜移默化的熏陶所致。

道与武术

老子认为道是万物之源，中国武术吸收了这一思想，认为武术之源亦为道。《庄子·说剑》是人们能找到的比较早的武术文献。庄子说："夫为剑者，示之以虚，开之以利，后之以发，先之以至。"虚实变换，后发先至，庄子这几句话成为后世剑术家奉为经典的至理名言。明代王宗岳的《太极拳经》说"虽变化万端，而理推一贯"，此"一贯"之"理"便是道。道又是"无"，"天下万物生于有，有生于无"。"为无为，则无不治"的思想对武术的影响很深，太极拳的基本法则就基于此，"心中一物无有，极其虚灵，一有所着，则不虚不灵，惟静以待之，养其诚以至动静咸宜，变化不测"。太极拳的理解是轻视具体的招法，以无对有，以道解拳。

同样，在实战中保持"无"的心态也非常重要。临场实战，进入无的境界，去除一切人为的设定与限制，随机应变、顺势而为，方能取胜。如李小龙所说："以无法为有法，以无限为有限。"真正的有法乃是无之法，真正的有限乃是无之限。

作为一种思想，道家之"道"对武术的影响是巨大的，反映了传统的武术在养生、武德等方面的基本心态。道家的无为思想，将习武者带入一个可以获得无限的心灵自由的精神境界中，自然而然、逍遥自在。人体是一个不断运动着的有机整体，自然界一切事物的运动无一不是阴阳的对立统一。人的生命运动，其本身就是阴阳对立双方在不断地矛盾运动中取得统一的过程。阴阳观念认为，凡是属于温热的、上升的、明亮的、兴奋的、轻浮的、活动的等方面的事物或现象，统属于阳的范围；凡是属于寒冷的、下降的、晦暗的、抑制的、静止的等方面的事物或现象，统属于阴的范畴。而太极拳就顺从阴阳变化之理，在一招一式之中，阴中含阳，阳中具阴，阴阳互变，相辅而生。

"天人合一"是道家的中心思想，道家推崇自然，老子说"人法地，地法天，天法道，道法自然"。这种思想一直指导着中国武术的发展方向。中国武术基本上都讲究师法自然，追求人与自然的和谐统一。古代习武者从大自然中吸收营养，模拟自然界中各种事物的动作、姿态、神情，结合人体运动的规律和技击方法的要求，创造和丰富了武术的流派。

在习武者眼中，人体是一个整体，武术锻炼的目的不是只锻炼哪一部分，而是要求整体的协调性。所以，中国传统武术在锻炼外在肌肉力量之时，还讲求内功调息，借以平衡身心。外家功与内功的合练，正体现了武术的"天人合一"思想，内功调息即吸收天地之气，从而达到人与自然的和谐统一。

道与现代管理

对于中国的企业管理者来说，目前很重要的一个问题就是企业管理之道是什么。《老子》就蕴含着管理的道。老子以道解释宇宙万物的演变："道生一，一生二，二生三，三生万物。"道就是客观规律。《老子》告诉我们，人类要遵从客观规律，不能逆规律而动，

“无为”和“守柔弱”是道表现的基本特性和精神。“无为”有两层意思：第一层意思是将“无”和“有”作为名词解释。“无，名天地之始；有，名万物之母。故常无，欲以观其妙；常有，欲以观其徼。”从中我们可以看出，“无为”是要遵循客观发展规律去做，“有为”就是去创建万物。第二层意思是“无为”才能“有为”，“无事”（不妄为、不乱为）才能“成事”。对于现代企业管理者而言，“无为”就是遵循管理的规律，不生硬地照搬一些所谓的“先进经验”，才能“无所不为”。从《老子》的思想中理解，守道也是一种“有为”的思想，即遵循客观规律本身就是“有为”的表现。“无为而无不为”告诉我们，遵循客观规律才能实现健康可持续的发展。从这个意义上来看现代企业管理的最高境界就是“无管理”，经营的最高境界就是“无经营”，竞争的最高境界就是“不争”，一名企业家实现了这些就可以“无所不为”。当然，寻求规律并科学践行是一个很难的事情。在任何一个现代企业中，“有为”与“无为”都遵循着万物发展的规则，在循环、转换之中。这也是《老子》带给现代企业管理最大的启示。

既然“有生于无”是发生在人们对“无为”的追求过程中，《老子》就将管理的“有为”列出了一个管理序列：“故失道而后德，失德而后仁，失仁而后义，失义而后礼。”如果再加上老子之后的“法治”思想，“德、仁、义、礼、法”就构成了典型的中国管理思想体系和管理方法体系。西方在管理上受古希腊学者亚里士多德的影响，认为人一半是野兽，一半是天使，主张法治应当优于人治（亚里士多德《政治学》）。法治体现在企业管理上就是“制度管理”，因此“制度学派”在西方企业管理中有很高的地位。“德、仁、义、礼、法”既是管理序列的不同层面，又是不同的管理工具。“法”在管理序列中仅是管理的基础或者说是管理的最基本的工具。管理的最高层面是“道”，失去了“道”才用“德”来管理，失去了“德”才用“仁”来管理，失去了“仁”才用“义”来管理，失去了“义”才用“礼”来管理，失去了“礼”就用“法”来管理。“礼”已经很接近“法制”了，它是讲人们行为的规范。“道”“仁”“义”规范的是人们的精神和思想，“礼”“法”规范的是人们的行为。另外，企业管理中除“法”以外的“道、德、仁、义、礼”可以称为企业文化。近些年来西方企业管理已经不仅仅停在“制度管理”层面了，如西方企业管理学界对企业文化、企业家社会责任和企业伦理等问题的研究已让我们看到西方企业管理也已经从单纯的“制度管理”走向“道、德、仁、义、礼”的文化深处。中国的一些管理学者和企业家在掌握了西方企业管理之后也认识到文化管理是高层次的管理，这一点也证明了西方企业管理理念正在与中国企业管理理念逐渐融合。

此外，西方企业管理是典型的刚性管理，但近年来已经向柔性管理转型，如提出了“柔性战略”等。西方管理中的柔性管理与《老子》中的“守柔弱”经营管理思想比较接近，但还不完全相同。《老子》中的“守柔弱”不仅仅是守柔，而且要守弱。《老子》中的管理思想具有鲜明的“守柔弱”的特征，包含了丰富的柔弱经营管理思想。他从对世界万物变化的观察——“曲则全，枉则直，洼则盈，敝则新，少则得，多则惑”“人之生也柔弱，其死也坚强；草木之生也柔脆，其死也枯槁”——得出了“物壮则老，是谓不道。不道早已”“见小曰‘明’，守柔曰‘强’”“柔弱胜刚强”的结论，其主张“知其雄，守其雌，为天下谿”。企业在成长过程中，内强但守弱，就保持了柔性以调整刚性的弹性，以柔性化的原则与外界相适应是内强的表现。“守柔”，为企业留出了发展的空间和余地；

“守弱”是外弱，“柔弱”与谦下、宽容结合在一起就是“善”，它为一个企业同其他企业相处留下很好的企业品格。如果在企业成长过程中“知其雌而守其雄”，就是内弱而表现为外强，企业的成长就会出现困难，因为“挫其锐，解其纷，和其光，同其尘，是谓‘玄同’”。不露锋芒、消解纷扰、含敛光耀、同其尘世，这就是玄妙齐同的境界，就是企业成长的战略思想。

在《老子》中还有许多和谐管理的思想。比如：老子讲发展才是硬道理，“甘其食，美其服，安其居，乐其俗”就是发展的目标；讲以百姓的意愿为自己的意愿，“圣人常无心，以百姓心为心”；讲利他主义的服务思想，“处众人之所恶”“生而不有，为而不恃，长而不宰”。《老子》在强调竞争的时候更强调和谐，“水善利万物而不争”，“夫唯不争，故天下莫能与之争”。竞争只是市场经济的手段，和谐才是市场经济的目标。人们在这个问题上的认识，经历了从“竞争”到“双赢”“多赢”，再到“竞合”的过程。“和谐”的价值观是中国文化对世界文化的贡献。“人法地，地法天，天法道，道法自然”，这就是一种价值趋向，讲人与人之间、人与自然之间要“和谐”。中国文化中的管理思想强调追求和谐的境界，使有矛盾和差异的双方协调地共处于一个统一体之中，构成和谐而又充满生机的世界。经营和谐也是现代企业管理追求的一种文化。

综上，道家思想事实上体现在我们生活、学习、管理等方方面面，可以说无所不包、无所不在。当我们对其思想内涵有了深入的理解和把握，我们就能更加清醒地认清很多事物的本质，让自己能更游刃有余地面对困难和各种挑战。

后记 学问之道无他，求其放心而已矣

每当学期接近尾声，课程行将结束，我总是有一种轻松却混杂着惶恐的复杂心情。一批批的学生来了又去，不知道这样一门不起眼的课会在他们的生命中留下怎样的痕迹。在这样一个信息过剩的时代，每个人的精神世界都有些四分五裂，我们总以为错过那些新闻、八卦，生活就会落伍，殊不知正是它们让人浮躁和困惑。

一个人，活在世上，没有什么比自我安顿更重要。表面看来，自我安顿有两种：一种是身体或者说皮囊的安顿，说白了就是解决和衣食住行有关的需要；另一种是心灵的安顿，就是如何安宁并且快乐地度过我们的日子。

老子有言："吾所以有大患者，为吾有身；及吾无身，吾有何患？"每个人活在世上，首先是一个生命体，需要维持生命的运转，需要满足基本的新陈代谢的需要，所以我们要吃饱穿暖，要有一个足够安全和暖和的栖身之处。

相比之下，心灵的安顿就复杂很多了。有数据表明，一个人每天会生起六万个念头，这些念头此起彼伏，带着我们感受渴望、厌倦、痛苦、怨恨、懊悔、沮丧、嫉妒，当然，也有感恩、平和、欣赏、慈爱和快乐。我们试图用大房子安顿自己，用更好的车子、更昂贵的手包以及各种各样的外物安顿自己的时候，发现很多都是徒劳无益的。这时候我们发现：皮囊的安顿直接关联着心灵的安顿。如果你的内心是焦躁不安甚至是晦暗无光的，即使给你一个豪华的总统套房，顿顿带你去米其林餐厅，你也依然会睡不着、吃不下。

事实上，很多终极疑问，关于生死、关于爱、关于得失、关于生命的意义，尽管会在忙忙碌碌的白天被隐藏在内心隐蔽的角落，却会在夜晚不期然跳将出来，要我们直面它们并给出一个说法和结论。发现"人类荒原"的艾略特，在写下《荒原》的三年后，又发表了诗歌《空心人》，他把一战后人们普遍出现的空虚、无聊、麻木、彷徨、焦虑等精神状态称为"空心"。如今，我们的周围也出现了空心人。那么，我们要靠什么填充空心？要在哪里安放我们的一颗心呢？

孟子和学生公都子的一段对话，特别应该被我们这个物化的时代所回望和牢记。公都子问曰："钧是人也，或为大人，或为小人，何也?"孟子曰："从其大体为大人，从其小体为小人。"（公都子）曰："钧是人也，或从其大体，或从其小体，何也?"（孟子）曰："耳目之官不思，而蔽于物。物交物，则引之而已矣。心之官则思，思则得之，不思则不得也。此天之所与我者。先立乎其大者，则其小者不能夺也。此为大人而已矣。"

眼耳鼻舌身，是不能思考的"小体"，如果没有精神的更高追求，没有心这个"大体"的引领，人就必然会堕入欲望的陷阱、物质的牢笼。无论哪个时代，都会有很多人误以为物质就是幸福的本源，然而物质的满足永远只是短暂的，并且会带来更大更深的黑洞。

根据黑格尔的阐述，精神自由是人的本质，也可以用梁漱溟"人禽之辨"的语言来表达。心为形役，是谓"禽"；形为心役，是谓"人"。梁漱溟曾经有一番更精微的阐发：身形越忙碌于对外部世界的征服，它的心灵束缚就越紧迫，从而心灵就越不自由。所以，修身之首要原理便是转入"静"的境界。换言之，当我们从忙碌的世界抽身而出，就能从"生命行动"转入"生命沉思"。

是的，我们都需要生命的沉思。每一节课我都会选取一些儒家、道家的经典语句让大家集体诵读。听着朗朗的读书声，整个世界立刻变得安静下来。课堂上的每一个人都很享受这样的时刻。

这几年来，每个学期都会有学生跟我说："老师，每一节课我都能够感到一种心灵的震颤和净化。"我始终觉得这是对我最大的激赏。作为老师，可以被学生深深地信赖，可以帮他们在某一段不够光明的路途中燃起一点烛光，这是多么重大的意义。我珍惜每一个学生的坦诚相见，他们的疑惑和见解、他们的倾听和感怀、他们对于个人化体验的分享，他们在每次下课铃响的时候给我的掌声，让我觉得自己不枉此生。

老子说"少则得，多则惑"，回顾一个学期的十六堂课，我教给学生的貌似只有三个字：为、静、安。说到"为"，年纪轻轻的人，一定要去积极阳光地学习、生活，乃至于奉献利他，这是儒家教我们的入世的精神，让我们在使命感和责任感的感召下，获得一种担当的力量。一个"静"字，是道家教给我们的，静能生慧，既让我们可以更深入地思考和领悟这个世界，也能让我们在奔跑得太久太累的时候找到一个心灵的栖息地。最后一个是"安"，学问之道无他，求其放心而已矣。无论你生活在哪个城市、所从事的是什么职业，在生存问题解决之后，这一辈子最大的任务、最大的挑战就是如何能把一颗放逸的心找回来，让它安得其所。这是黑格尔说的"只有通过精神生活，人才能获得最终的自由"，也是孔孟老庄为我们指明的方向。

所谓殊途同归，是希望每一个人都能在经典中找到安心之处。所谓心有余而力不足，作为一个永远在路上的学习者、体悟者，我深知自己学养有限，境界亦有限，诚盼各位良师益友对于本书中的不足之处予以批评指正，疏漏之处也望理解。

车　凤

2018 年清和之月

图书在版编目（CIP）数据

国学经典与人生智慧/车风著．—北京：中国人民大学出版社，2019．7
高等学校通识课程系列教材
ISBN 978-7-300-26241-3

Ⅰ．①国… Ⅱ．①车… Ⅲ．①国学-高等学校-教材 Ⅳ．①Z126

中国版本图书馆 CIP 数据核字（2018）第 210174 号

高等学校通识课程系列教材
国学经典与人生智慧
车　风　著
Guoxue Jingdian yu Rensheng Zhihui

出版发行	中国人民大学出版社		
社　　址	北京中关村大街 31 号	**邮政编码**	100080
电　　话	010－62511242（总编室）		010－62511770（质管部）
	010－82501766（邮购部）		010－62514148（门市部）
	010－62515195（发行公司）		010－62515275（盗版举报）
网　　址	http://www.crup.com.cn		
经　　销	新华书店		
印　　刷	运河（唐山）印务有限公司		
开　　本	787 mm×1092 mm　1/16	**版　　次**	2019 年 7 月第 1 版
印　　张	10 插页 1	**印　　次**	2024 年 8 月第 5 次印刷
字　　数	231 000	**定　　价**	28.00 元

教学支持说明

（教学课件）

中国人民大学出版社政治与公共管理出版分社秉承"出教材学术精品，育人文社科英才"的出版宗旨，多年来，出版了大批高质量的公共管理、教育学、政治学、政治理论公共课教材和学术著作。

我们为本教材制作了相应的 PPT 教学课件，任何一位采用本书作为授课教材的教师均可免费获得该课件。为了确保该课件仅为授课教师获得，烦请您填写如下材料，并将相关信息通过 E-mail 发送给我们，我们将在收到相关信息后通过 E-mail 给您发送该课件。欢迎您加入我们的 QQ 群（全国政管教师交流群，群号为 236159213），或登录我社官方网站（www. crup. com. cn），注册并认证成为教师会员，以获得更好的服务。

我们的联系方式：

地址：（100872）北京市中关村大街甲 59 号文化大厦 1202 室

中国人民大学出版社政治与公共管理出版分社

电话：（010）82502724　62514775（传真）

E-mail：ggglcbfs@vip. 163. com

QQ 群：236159213

兹证明__________大学/学院__________院/系__________专业__________学年第__________学期开设的__________课程，采用中国人民大学出版社出版的____________________（书名、作者）作为本课程教材。授课教师为__________，授课班级共______个、学生______人。授课教师需要与本书配套的教学课件。

联 系 人：____________________

通信地址：____________________

邮　　编：____________________

电　　话：____________________

E-mail：____________________

系/院主任：__________（签字）

（系/院办公室章）

______年_____月_____日